guide

# 柏格森哲学词汇

Le vocabulaire de Bergson

[法] 弗雷德里克·沃姆斯　著
(Frédéric Worms)

董树宝　译

重庆大学出版社

# 目　录

| | |
|---|---|
| 前言 | ／V |
| 参考书目注释（与缩写） | ／xiii |

| | |
|---|---|
| 行动 | 1 |
| 情感（感觉） | 5 |
| 艺术 | 9 |
| 大脑 | 13 |
| 滑稽 | 15 |
| 意识 | 19 |
| 创造 | 23 |
| 上帝 | 27 |
| 绵延 | 31 |
| 生命冲动 | 35 |
| 空间 | 39 |
| 精神 | 43 |

| | |
|---|---|
| 虚构功能 | 47 |
| 一般观念 | 49 |
| 影像 | 53 |
| 无意识 | 57 |
| 本能 | 61 |
| 智能 | 63 |
| 强度(灵活的概念) | 67 |
| 直观 | 71 |
| 自由 | 75 |
| 物质 | 79 |
| 记忆 | 83 |
| 形而上学 | 87 |
| 运动 | 91 |
| 质的多重性 | 95 |
| 神秘主义 | 99 |
| 虚无 | 103 |
| 知觉 | 107 |
| 哲学 | 111 |
| 实在论/观念论 | 113 |

| | |
|---|---|
| 宗教 | 117 |
| 科学 | 121 |
| 同时性 | 125 |
| 生命 | 129 |

# 前　言

　　以下是柏格森定义"直观"（intuition）这个词用法的方式："因此，我们所谈论的直观，首先是关于内在绵延的。"（*La Pensée et le mouvant*, p.27）因此，确实会有一种关于这个概念的"柏格森式的"意义，确实会有一套"柏格森的词汇"（vocabulaire de Bergson）。

　　然而，这样一种"定义"是不完整的。它不仅取决于另一个概念，取决于"绵延"（durée），而且它期待着一种由谜一般的"首先"所宣布的内部发展。事实上，这种表达被引入一个长段落。但这个段落需要得到一个与这种表达差异不大的定义，不然就得通过某一种概括："直观是抵达精神、绵延、纯粹变化的东西。"（PM, p.29）这远非缓和，最初的惊讶和沮丧似乎因此而加倍。不是在最初或最终的表达中，而是在这个段落由此及彼所经由的运动中，人们甚至感觉到"定义"的真正作用是在两者之间进行探寻。

　　此外，柏格森自己曾在一篇近乎同时发表的文章中谈及这一点：

对哲学家而言，从定义——他将给一个常用术语所赋予的新意指——开始(正如某些人要求他的那样)是没有用的，此外也常常是最不可能的，因为他的所有研究、他将呈现给我们的所有阐述，其目标是准确而简明地分析或重构这个常用术语在常识看来所含糊指称的事物；这个定义在类似情况下只能是这种分析或这种综合；它不会被固定在一个简单的表达方式之中[……]*它的阐述就是这个定义本身*。(《哲学家应该如何写作》[*Comment doivent écrire les philosophes*, 1924]，载《哲学》第 54 期, 子夜出版社, 1997 年, 第 7 页, 楷体强调为本书作者后加)

因此，无须惊讶的是，在我们开头引用的《思想与运动》的这个段落(本身注明的年份是 1922 年, 尽管出版于 1934 年)中, 柏格森在"定义"直观之后便立即粗暴地反对这样一种要求：

因此, 人们别要求我们给直观下一个简单的、几何式的定义。(PM, p.29)

这种拒绝甚至不是基于一种一般的语言理论，倒确实是基于一种在哲学中非常精确的定义理论, 这种理论在这两篇文章中的每一篇里都严格地得到陈述,而且它并不只适用于陈述它的每一篇文章。恰恰相反,柏格森在两个段落中以一种挑衅的方式将其应用于斯宾诺莎和亚里士多德,也就是说,应用于以几何学方式写就的《伦理学》(Éthique)的作者和《分析篇》(Analytique)的作者(真正的定义理论家)。

柏格森甚至依仗这两位作者:

> 正如我们所描述的那样,直观的功能和面相的多变性(variété)完全不可与"本质"和"实存"(existence)这两个词在斯宾诺莎著作中或者"形式"(forme)、"潜能"(puissance)、"现实"(acte)等术语在亚里士多德著作中所采取的意指的多重性(multiplicité)相比较。(PM,p.30)

此外,如果柏格森显得对意义的这种多样性(diversité)(使定义不可能)感到惊讶,如果他甚至假装对它感到气愤,那么他就会识得它,并马上要求得到关于它的深刻理由:

> 奇怪的事情是,最需要这种责备的哲学家是那些大师,即将新概念引入思维世界的人:一个叫亚里士多德的人,一个叫斯宾诺莎的人。(载《哲学》,同前,第7页)

一方面是"引入新概念"或"创造概念"（借用德勒兹的表达）；另一方面是定义这些词语，两者远非一回事，因此是不相容的！从此，对任何伟大哲学而言，下定义是不可能的。希望编写一本柏格森小词典、一套"柏格森的词汇"是不可能的。

然而，我们起初遵循的文本还包含着一个逆转，包含着一种对情境的颠倒！确实，随后的段落重新定义了直观：

> 然而,有一种根本意义:直观地思考就是在绵延中思考。(PM,p.30)

这是对受折磨的读者所做出的一种让步吗？如何协调这种"基本意义"与柏格森为了他的直观概念所要求得到的"功能和面相的多变性"？答案强行规定如下：要让这一点得以可能，确实只有让这种基本意义在其统一性中只不过是这些功能和面相的多变性本身，换言之，只有让其所涉及的不仅是一个术语的定义，而且是这个术语通过其多样化的使用和应用才有价值的用法和得失（因此，这里的关键不是"直观"，而是"直观地思考"，马上伴随着一些批判性区分和可应用案例）。

如果一个哲学家有"他自己"的词汇，那么这不是为了在专业的和一般的、固定的和不变的、可领会的意义上掌握一系列术语，而是因为他给他的每个术语强行规定了一种新的"意义"，这种意义是最奇异的，是他的哲学所专有的，而非别人的哲学所专有的；不过，这种意义却被他清晰勾勒和重新掩饰的、集中和统一的实在面相的多样性所包含和证实。的确，有一种由哲学家在别处强加给最常用词语的新意指（因此没有创造小词典），但这种新意指之所以有价值，只是因为它的批判性范围（portée），尤其是因为它的用法的多变性，同时松弛了"中间意义的链条"（PM, p.30），几乎到了中断这一链条的地步。因此，人们能够甚至应该尝试建立一套"柏格森的词汇"，但受限于三个多少应该坚持的条件，即它是定性的、批判性的和有强度的。

通过"定性的"一词，我们想说的意思是，确实真的适合去确立柏格森主要概念的"基本意义"，或者说去确立常用语言或哲学语言中一定数量术语的"柏格森式的"意义，抑或最后如果人们愿意的话，去确立哪些概念能够获得一种新意义，这种新意义在柏格森自己的著作中，也就是说在他的书中（参见本书"参考书目注释"）在定性上有别于被认可的意义。这一要求也给我们提供了这样一套词汇表的"各种入口"的选择标准：在柏格森的同一文本中，存在着一种明确的、可定义的表达方式，一种在某种程度上是词汇警戒的迹象。这便是下述一些表达方式："我称作"（j'appelle）（"我将物质称作影像的集合"），或者更常见的是那些添加在名词上的表达方式——"意指"（signifie）（"意识意指选择"），甚至还包括"即/就是说"（c'est-à-dire）（"行动，即我们引起事物改变的能力"），也就是那些每次都必须以引用（citer）开头的表达方式，以便尝试将它们聚集在一种至少是概述性的基本意义中。这样"被定义的"概念的网络是严密的，它可以预测这些概念严格地相互指涉。

但这还不够。还应该去确立这些"新的"意指的批判性范围，因此，这些意指（即使这不是它们的目标或起源）只有通过区分或反对一种被认可的或传统的意义才能如此。这就是人们可以称为"柏格森的词汇"的专业方面（在柏格森参与并赞誉[1]的拉朗德[Lalande]主编的《哲学词汇》[*Vocabulaire de la philosophie*]恰好被题名为"哲学的专业与批判词汇"[vocabulaire technique et critique de la philosophie]的意义上）。除了各种"常识术语"，柏格森还为哲学中专业术语的用法辩护，甚至为"带有 isme 后缀的词语"（就如在前面提及的《哲学家应该如何写作》中所做的那样）辩护（也许与人们经常所认为的相反）。事实上，在其意义几乎不可能从一种学

---

[1] 除一些被引用的文本之外，可参见 1907 年 5 月 23 日法国哲学会的讨论（*Mélanges*, PUF, 1972, p.502-507）"我完全赞同拉朗德先生的尝试"（p.506）。然而，柏格森也曾说过"想定义[……]像这样的词（自然[nature]）的可能意义，就是做起来好似[……]做哲学是在那些现成的概念之间选择。然而，做哲学通常不在于各概念之间选择，而在于创造新概念"（第 503 页）。

说到另一种学说发生变化的专业术语与一种思想的新颖性所专注的批判术语之间,可以说存在着所有的程度;没有术语可以完好无损地偏离作品的新颖性,没有术语可以不具有语言共同体的性质。但这一见解已经将我们引向"柏格森的词汇"也许是最重要的第三级。

其实,确定一个"柏格森式的"术语的意义,也是且尤其是确定该术语的"功能和面相"、得失和用法的多变性,不仅在柏格森的思想中,而且尤其根据这一思想,在实在本身之中确定该术语使用的程度或强度。因此,"绵延"本身只有被有强度地应用于实在性的每种程度时才有价值,或者毋宁说,它只有通过揭示实在的有强度的结构、根据节奏或时间收缩的程度才有价值。因而,直观只有与人们投入其中的"努力"成正比才有价值,即个体的和有强度的行为系列,而不是匿名的和一般的认知功能。这个概念的真正"意义"将被触及,唯有通过用法和应用的这种多变性本身,而不是通过一种单独的、可定义的表达方式。这在严格意义上便是柏格森所谓的"流动的"或"灵活的"概念,或者是"包含着各种程度的灵活的实在性"(MM,p.279,楷体强调为本书作者后加)。这也是为什么人们必须在柏格森所创造的用法中、从一本书到另一本书来领会他的概念,他自己多次着重指出,他能够涵纳其概念用法的变化乃至明显矛盾。

因此,"柏格森的词汇"这三个层级将对应着本书各词条中所区分的三个层次。一个概念的第一种意义是定性的,它将从其本身并通过与这样被定义的其他一些概念的意义的关系而被理解;第二种意义是专业性的和批判性的,它将使每个术语融入一种有关学说关系和理论关系的网络;最后,第三种意义将每个概念引入一种有强度的发展中,这一发展是柏格森哲学思想的真正元素,也许根本就是哲学思想的真正元素。

# 参考书目注释(与缩写)

柏格森的作品由他出版的书组成。因此,我们在此将依据的正是他出版的书。让我们回顾一下它们的书名和出版年份。

1889 年,《论意识的直接材料》(*Essai sur les données immédiates de la conscience*),缩写为 *Essai* 或 DI。

1896 年,《物质与记忆》(*Matière et Mémoire, Essai sur la relation du corps à l'esprit*),缩写为 MM。

1900 年,《笑》(*Le Rire, Essai sur la signification du comique*)。

1907 年,《创造的演化》(*L'Évolution créatrice*),缩写为 EC。

1919 年,《精神的能量》(*L'Énergie spirituelle, Essais et conférences*),缩写为 ES。

1922 年,《绵延与同时性》(*Durée et Simultanéité, À propos de la théorie d'Einstein*),缩写为 DSi。

1932 年,《道德和宗教的两个来源》(*Les Deux Sources de la morale et de la religion*),缩写为 DS。

1934 年,《思想与运动》(*La Pensée et le mouvant, Essais et*

*conférences*），缩写为 PM。

我们在此所参考的这些书是由法国大学出版社（PUF）出版的批评版（Édition critique），袖珍本，它们被收录在 Quadrige 文丛（2007—2012）中。

因此，我们将为每段引文标注其在这些作品中的页码，与法国大学出版社先前的版本保持不变（页码被标注在安德烈·罗宾耐［André Robinet］主持编订、由法国大学出版社 1959 年出版的《柏格森作品集》的页左空白处）。

该系列的最后一卷以《哲学著作》（PUF，"Quadrige"，2012 年）为题收集了柏格森未曾收录在他出版的书中的文章。它接替了《杂论集》（*Mélanges*；PUF，1972 年，安德烈·罗宾耐编，亨利·古蒂尔［Henri Gouthier］撰写导论）。除了一个例外，确认这条规则是有必要的（从一封 1903 年在《法国哲学学会简报》发表的、写给莱昂·布伦茨威格［Léon Brunschvicg］的信中获得的一个自由定义），因此我们在本书中并未使用它。这并不意味着这里提出的定义首先不应该由对各个作品的一次完整解读所检验，然后在回顾时也不应该由对柏格森全集的一次完整解读所检验。

# 行动
## Action

■"行动,即我们引起事物改变的能力,某种由意识所证实的和有机身体的所有力量似乎都趋向的能力。"(MM,211)"活着就在于行动。活着就是接受一些仅仅作为有用印象的对象,以便用一些适当的反应来回应它们。"(*Le Rire*, 115,在这一点上可参见MM,333和EC,577)"这种行动总是在可高可低的程度上呈现出偶然性的特征;它至少意味着一种选择雏形。不过,一种选择假设了几种可能行动的可预料的表象。因此,在行动本身之前,行动的可能性应该向生物显现出来。视知觉无非是……"(EC,97)

**行动**因此是生命体针对其环境的扰动、针对需要的苛求所做出的部分不确定的反应。

作为有机体对生命和环境的约束做出的反应,行动回应着一种最终的和原始的目的性,即满足需要的目的性;只要行动不是一种简单的但总是部分不确定的自动反应(否则它就只是一种必然反应),它就在各种各样的程度上既使那些内部的潜在性(绵延和自由的所有力量)发挥作用,又使那些以知觉为象征的、外部的可能性发挥作用;它是所有动物行为或人类行为的解释原则,包括功利主义的认识,但它也是个体自由、创造或历史被铭记在世界之中所凭借的原则,包括道德的和宗教的认识。

■■行动的这个定义赋予它一个非常广泛的批判性范围。事实上,行动既不是纯粹自主的甚至理性的力量或意志的效应(因为行动是以生命为基础的),也不是简单的反应或生物的力量(因为行动必须以能够将它引向自由和创造的不确定性和意识为前提)。因此,柏格森的哲学的确是一种在心理学上和仅在理论上存在的实用主义,因为行动从中对行为和对常用的乃至科学技术的认识发挥着解释原则的作用。与特别是空间强加给我们的思维和我们生命的"行动形式"(formes de l'action)一样,这也是一种对行动或相对性的批判。这最终是一种有关行动的形而上学,因为自由行为或者道德和宗教的创造,为了将个体绵延的作品列入世界之中而摆脱了功利主义的框架,甚至摆脱了它与一种高于人类特有的行动的来源的接触(即使它在一种更高的意义上仍与生命保持着联系)。

■■■因此,行动的概念从一开始就包含着种种程度。在《论意识的直接材料》中,自由行为一般被列入行动之中,同时与其习惯性框架断绝联系:它仍然是一种对各种(更加严峻的)环境做出的回应,而且是一种有关世界的转变,不过是对仅仅起源于其创造者的时间性自我所做出的一种回应和转变。《物质与记忆》勾勒出行动的整个尺度(échelle),甚至勾勒出一种(在我们身上)心理学的和(在实在性的各种程度之间)形而上学的双重范围,即从身体最小的不确定性到蕴含着记忆的"自反的"行动,但也从物质的最小行动到人类行为,甚至超出人类行为。《笑》将行动与机械动作对立起来:"行为是有意的,无论如何都是有意识的……在行动中,正是整个人给予……最后[……]行动严格地与唤起它的感觉成比例。"(p.109-110)《创造的演化》,尤其是《道德和宗教的两个来源》,给行动提供了形而上学的和道德的范围:伟大的神秘主义者的特点是,在出神(extase)和沉思之外,他在人类历史中行动,并且赋予历史以意义。

# 情感(感觉)
Affections(sensations)

■"……假设[我们的身体与对象之间的]距离变为零,也就是说,假设可感知的对象与我们的身体重合,即最终假设我们的身体是可感知的对象。因此,这种非常特别的知觉将要表达的不再是一种潜在行动,而是一种实在行动:情感就在于此。因此,我们的感觉之于我们的知觉就是我们身体的实在行动之于它的可能行动或潜在行动所是的东西。"(MM,58)"[在我们的身体中]情感得以产生,也就是说,它对自身做出的实际努力。实际上,这的确是我们中的每个人自然地、自发地在影像与感觉之间确定下来的差异。[……]当我们谈论感觉就像谈论一种内部状态时,我们的意思是它出现于我们的身体之中。"(MM,58-59)"情感因此是我们从我们身体的内部使之与外部身体的影像相混合的那一部分;它是首先应该为了重新发现影像的纯粹性而从知觉中提取的东西[……]。情感不是构成知觉的最初材料;它毋宁就是与知觉混合在一起的不纯粹性。"(MM,59-60)

**情感**因此是对发生在我们唯一的身体上或在我们唯一的身体中发生的实在行动的知觉;它们也被称为**感觉**。

因此,身体的情感与对对象的知觉相对立,而后者赋形于外部对象并转译可能行动,前者赋形于唯一的身体与它的当前状态或它所经受的实在行动。这种差异禁止把感觉作为知觉的起源,感觉毋宁就是知觉的极限和效应。

■■这个概念的主要挑战因此是保护知觉的外部性和客观性,同时拒绝使它们成为内部的和主观的感觉的结果。柏格森故意将这些感觉材料称作情感,以强调它们盲目的和身体的方面,而感觉概念似乎意味着一种与外部对象的关系和一种认识功能。认识理论的真正出发点不是感觉,而是行动,即感觉和知觉仅有的和最初的共同点,一方面是对象对身体的实在行动,另一方面是身体对对象的可能行动,再说一切事物因此都反对它。

■■■如果情感这一概念因此基本上出现在《物质与记忆》中,那么情感性感觉的概念就出现在其他地方(如出现在《论意识的直接材料》的第一章),以便诉诸身体的各种运动,因为它们受快乐和痛苦的感觉引导,而快乐和痛苦的感觉本身就与它们的生命功能有关。因此,柏格森也划分了身体的和生命的情感与介入心理的、个体的整个生命并能成为创造性的情绪(l'émotion)。因此,对身体的情感而言,知觉和情绪之间的地位是狭窄的,但仍然是重要的和必要的。

# 艺术
Art

■"因此,无论是绘画、雕塑、诗歌还是音乐,艺术的目标只是排除那些实际有用的象征符号,排除那些因社会约定俗成而接受的泛泛之谈,最终排除一切向我们遮蔽现实的东西,以便使我们面对现实本身。"(*Le Rire*,120)"由此可得出艺术总是关系着个别的东西(l'individuel)。[……]艺术家所看到的,我们当然不会看到,至少不会完全同样地看到;但是,艺术家如果真的看到了,那么他为揭开帷幕所作的努力就必然迫使我们进行摹仿。[……]因此,普遍性在此存在于所产生的效应之中,而不是存在于原因之中。"(*Le Rire*,123-125)"真正的艺术力求展现模特的个体性,为此艺术将在那些可见的线背后,探寻人们肉眼无法看到的某种运动,而这种运动自身的背后还有更为隐秘的东西,个人的原始意图、基本渴

19 望,与无限丰富的形式和色彩相契合的简单思想。"(PM,265)"在自然与精神之中,在我们之外和我们之中,如果不是向我们呈现那些明确打动我们的感官和意识的东西,那么艺术还追求什么呢?"(PM,149)

**艺术**的功能因此是通过一个本身就是个体的艺术家的创造来感知和被迫感知习惯性知觉(首先是事物和生物的个体性)所遮蔽的东西。

艺术的功能因此与知觉的功能双重地联系在一起,因为知觉的习惯本性是需要克服的障碍,但艺术的特性是通过那些仍然是知觉性的方法来超越知觉(与哲学或神秘主义相反)。因此,艺术必须以个体主体为前提,即艺术家,他超越了对人的一般知觉;艺术必须以个体对象为前提,即模特、情绪或发生观念;艺术必须在两者之间以作品及其表达方式为前提,关键在于适应两种实在性的这种直观性相遇,因此,它以直观(尤其是创造)的特定努力为前提。

■■柏格森的艺术学说,尽管被表达在广泛分散的文本中,但涵盖了他的全部作品,从《论意识的直接材料》的前几页(将艺术的特性归因于心理暗示)到《道德和宗教的两个来源》(将艺术的特性与那些在宗教或道德的创立者身上起作用的创造性情绪联系起来)。然而,艺术的恒定特征仍然由艺术与生命的对立所决定,或者由审美知觉与实用知觉的对立所决定,抑或由审美创造与技术制造的对立所决定。因此,艺术是形而上学真理的承载者,即使它不能获得哲学家特有的一般直观方法,也不能获得神秘主义者特有的历史创造,而神秘主义者以人类本身作为素材。

■■■因此,"审美的"维度的确处于直观或感性知觉这两种意义的交会处,处在其进行分离、分心或转向的点上,它在其中从它的心理功能过渡到它的形而上学终点。因此,它本身是极其有强度的。《笑》指出一种在喜剧中有关艺术的社会的、生命必需的用途,一种不纯粹的混合。此外,哲学书的撰写,甚至神秘的直观,还从审美创造本身中借用某种东西。在这两种限度之间,在每个个体的生命中和在人类历史中,艺术远非被保留给主观的鉴赏力,它仍然是我们经验的一个完整维度。

# 大脑
Cerveau

■"因此,大脑在我们看来应该只是一种类似电话交换局的东西;其作用是'提供通话'或者使通话等待。它不会给它接收的东西增加任何东西;但[……]它的确真就构成一个中心,外围的刺激在这个中心与这样或那样的、可被选择的而不再被强加的运动机制建立起联系。"(MM,26)"所有事实和所有类似都有利于这样一种理论:它在大脑中只考虑一种在感觉和运动之间的中介,它使感觉和运动的这个集合成为精神生活的顶点,即不断地被融入一连串事件并由此给身体赋予某种将记忆引向实在的独有功能……"(MM,198)"因此,严格来说,大脑既不是思维的器官,也不是感觉的器官,亦不是意识的器官;但它使意识、感觉和思维在现实生活中保持张力,并因此能够采取有效行动。如果你愿意的话,我们就应该说大脑是关注生命的器官。"(ES,47)

**大脑**因此是离心的和向心的神经运动(感觉和行动)联系在一起的身体部分,其复杂性允许相对的不确定,它纯粹是身体的学习或记忆,也允许纯粹的记忆融入世界。

■■因此,对柏格森来说,大脑与其他事物一样是物质世界的一部分:它不具有神奇的能力,尤其是它不会创造那可被理解为非物质性表象的思想。它的独特性是双重的:通过它在有机体中的复杂性和位置,它充当神经运动之间的十字路口和容许它们的不确定,而后者可以摆脱物质的纯粹必然性;通过它的后天性联系,它构成各种运动图式或一种运动记忆,而后者也可充当某种将纯粹记忆重新融入经验之中的框架。但根据柏格森的说法,所有这一切都不会产生表象。因此,为了解释思想,即在场的(知觉)或不在场的(记忆)对象的表象,应该诉诸大脑之外的其他东西:对象本身,在无意识的记忆中被理解为有意识的影像或纯粹的记忆。但一切都必须通过大脑,它由此受限制的功能只不过是中心性的。

■■■当动物的神经系统获得充分的复杂性来构成这样一个中心时,就会有大脑,但在这个神经系统和大脑之间,只有一种关乎程度和复杂性而不关乎本性的差异。在柏格森对大脑在知觉和记忆中的作用的批评之外,人们将保留大脑在连接的一般功能之间的二元性,并将保留大脑的时间性的或个体的结构化,而这种结构化将作为一种有待实现的双重历史而留给它。

# 滑稽
Comique

■"成群聚集的人全都将他们的注意力集中到他们当中的一个人身上,同时不动他们的感情,并运用他们唯一的智能,似乎滑稽将在此时产生。"(*Le Rire*,6)"想要从一种简单的表达方式中把所有的喜剧效果都抽取出来,这可能是异想天开。这种表达方式在某种意义上的确存在;但它不会有规律地发生[……]镶嵌在活的东西上面的机械的东西,这就是一个应该停下来瞧一瞧的十字标记,即想象力从中在那些发散的方向上散发光芒的中心意象(image)。"(*Le Rire*,28-29)

**滑稽**因此是通过唤起一种被镶嵌在或被融入鲜活个体之中的机制来引起群体笑声的任何东西。

滑稽因此具有一个与生活有着双重联系的双重面相;这不只

是因为一种机制滑进一个人的鲜活运动之中,就像使他跌倒的香蕉皮、使他变形的抽搐、使他僵硬的性格一样,因为这种机制使我们发笑;这还是因为这种机制阻止他参与一种有益的社交生活,且因为群体的发笑是对这种生活的矫正或惩罚。笑因此具有一种与滑稽的心理内容相关的社会学功能:应该强行将一种恶性机制使之摆脱的那些个体再次融入生死相关的社会结构之中。

■■因此,滑稽的这个定义具有一个双重范围。它在对引起人类发笑的东西进行大量的心理分析和哲学分析中间占据一席之地。但它也在群体的社会学分析中间占有一席之地。因此,弗洛伊德再次把机智一词与快乐的唯一心理功能联系起来,即使这种功能具有一种社会范围(机智一词必须被讲述),而柏格森则立即将滑稽与有用的东西联系起来,并由此与社会问题联系起来。反之,笑不仅具有一种社会功能,例如一种有关整合与排斥的双重功能:它在精神生活中诉诸精神与身体之间更深层的联系,即精神为了生命的需要而和谐地融入身体,而行为的机械化则使这种融入处于危险之中。

■■■然而,尤其是这些分析的微妙之处和细微而集中的应用是柏格森的《笑》的长处。一切都以这个最初的疑问来说明:"在小丑的鬼脸、文字游戏、闹剧的误会、精美喜剧的场景之间,人们将找到哪些共同点?"确实,在这些例子具有的共同点之外,柏格森还特别研究了那些区别它们的东西,从身体到性格,从木偶和小丑到精美的喜剧,再到悲剧的界限,行动在其中不再会有任何机械性的东西,它反而完全有可能是个体的,而且行动不再会引起笑声,而是引起怜悯。在这个范围内,有莫里哀的《厌世者》(*Misanthrope*)。

# 意识
Conscience

■"有意识的生活以一种双重面相呈现出来,依据的是人们直接知觉它或者人们通过空间折射来知觉它。就其自身来考虑,意识的深层状态与量毫不相干;它们是纯粹的质。"(DI,102)"只要记忆用一大片回忆来掩盖一个直接知觉的背景,只要记忆收缩众多时刻,记忆就可以在这两种形式下建构个体意识在知觉中的主要部分,即我们对事物的认识的主观方面。"(MM,31)"我们有关物质的表象是我们对身体采取的可能行动的度量:它是排除与我们的需要无关且更一般来说与我们的功能无关的东西所导致的结果。[……]意识——在外部知觉的情况下——恰恰就关乎着这种选择。"(MM,35)"意识在各种可能行动或者那环绕在生物实际完成的行动周围的某种潜在活动的范围内是内在光。意识意指迟疑或选择。"(EC,145)"人们将生物的意识定义为潜在活动与实在活动之间的一种算术差异;它度量着表象与行动之间的差距。"(EC,145)"意识首先意指记忆。"(ES,5)"之所以意识意指记忆和预期,是因为意识与选择同义。"(EC,11)"意识在我们看来是一种融入物质之中来控制物质和利用物质的力量。"(EC,17)"意识,即与自由相伴的记忆,即最终在真正有增长的绵延之中是一种有关创造的连续性。"(EC,17)

**意识**因此是自由行动的能力,只要这种能力表现为对那些有区别的物质对象的表象和选择,以及表现为时间的各个时刻或个体的绵延的收缩和记忆。

因此,对在场的(知觉)或不在场的(回忆)对象的表象,对我们来说是意识的标志,它应该诉诸一种原始的行为,或者毋宁说诉诸一种以不确定的方式进行行动的原始能力。如果没有这种能力,就不会有这种区别于对象的意识(而只是一个由本身是无意识的影像组成的宇宙),也不会有这种区别于过去的记忆(而只是它们的无意识保存)。[1] 因此,在意识相关的内容之内,意识必须被定义为这种活动本身,以其直接的和个体的形式,但也伴有其形而上学的和现实的范围。

---

[1] 还应该考虑到这个宇宙自身或这种无意识以一种最低程度的和中立化的意识为前提,完全就像对过去的简单保存已经以一种意识行为为前提一样。

■■因此，这在柏格森哲学中和在它与其他学说的批判关系中涉及一个基本概念，以至于它是许多误解的根源。对柏格森来说，意识确实不是与对象的纯粹关系、纯粹的"我思"或纯粹的"显现"（就像从笛卡尔经由康德到胡塞尔发生的情况一样），它以一种实在活动为前提。然而，意识也不再是一种简单的、"主观的"幻觉，同时掩盖了身体或生命在自身之下的劳作（就像在叔本华或尼采的著作中所描述的情况一样）；相反，正是身体和生命，就像记忆和选择一样，是以意识的最初活动进行行动的能力的某些标记："意识确实是行动的手段；但可以更真实地说行动是意识的手段。"（EC,647）这种表达方式确实适用于他的整个学说。因此，这的确是他的第一本书《论意识的直接材料》的真正论题，该论题通过它的各种转换仍在整部作品中占据主导地位。

■■■既然意识是一种首先在时间上并通过各种行为显示出来的活动，那么它在本质上就以种种程度为前提。在无意识（只是物质的最小意识）与存在的有强度的意识（能够多少自由地进行行动），甚至是生命和物质之起源的**意识**（Conscience；在原文中首字母便是大写形式）或超意识之间，存在着所有程度。在我们内部、在我们的自动化行动和我们的整个意识被调动的罕见时刻之间亦是如此。人们看到意识在哪一点上当然不是一种纯粹的"虚无"或一种有关各对象的纯粹目的,意识在哪一点上也不再被柏格森简单地物化或激活:个体的和有强度的经验再一次证实了这个概念的范围。

# 创造
Création

■"至于所谓的发明[……]我们的智能不可能在它的涌现时刻(在它具有的不可分割的东西时刻)抓住发明,也不可能在它的天才时刻(在它具有的创造的东西时刻)抓住发明。解释发明就总是在于将它(它是不可预料的和全新的)分解成已知的或旧有的、按照不同次序被排列的种种元素。"(EC, 165)"当我们把我们的存在重新置于我们的意志之中,并重新把我们的意志本身置于它延长的驱力之中,我们就理解并感觉到实在性是一种持续的增长,是一种无休止的、继续进行的创造。[……]创造的观念变得更清楚,因为它与增加的观念融合起来。"(EC, 240-242)"创造首先意指情绪。[……]那么这只是因为精神感觉或相信自己是创造的。它不再从众多现成的元素开始,以便达到一种复合的统一,其中将有一种对旧东西的新排列。突然之间它转到某种东西,后者似乎同时是一和唯一,然后将试图尽其所能在多种共同的、预先在词语中被给予的概念里展现自身。"(DS,42-44)

任何**创造**因此都是绝对新事物的出现,要么是通过绵延的流逝本身,要么是通过重新投入其中的努力。

■■正如康吉莱姆(Canguilhem)所指出的那样,柏格森的创造观念与这一概念的两种经典方法形成鲜明对比:作为摹本(copie)基于原型(modèle)的生产(柏拉图),或者作为实在性通过意志力量在虚无背景下的显现(无中生有[ex nihilo])。它确实由绵延的观念本身所蕴含,绵延在《创造的演化》中通过它的展开和增加本身而成为一种关乎新生事物的持续创造。在它与一种内容的内在增加相混淆时,它既不以超验的原型为前提,也不以超验的意志为前提。然而,无论创造在哪里显示出来,它都确实证实了绵延的真正实在性:"要么时间是发明,要么时间什么都不是";此外,如果创造是连续的,那么它为了实现自身就会遭遇各种障碍,并变成"创造的要求",即与有关那面对材料的艺术家(DS,44)一样,与有关那面对物质的生命(EC,第3章)一样被应用的表达;从此,也许除了一种通过超意识对物质和宇宙的原始创造之外,任何创造都以一种努力为前提,并以一种向着绵延的回归为前提,而绵延表现为一种特别的冲动(élan)或情绪。也正是在这个意义上,柏格森以创造来反对某种根据一个提前确定的目标而被理解为旧元素之新排列的编造。作为一个物种,人是工具的制造者(homo faber),只要他超越他的物种,他就是有创造力的个体。

■■■哪里有绵延,哪里就有创造,反之亦然:因此也有相应的程度。在任何情况下,人们都不能谈论一般意义上的创造,任何创造都是"被规定的",而且创造只能通过它的作品才会证明自身。在(预见它)之前或在它真正闯入之后是不可能掌握它的。思考创造并因此参与绵延的唯一方式就是与人们自以为、人们"感觉自己"正在经历它的各个时刻联系起来。在这一意义上,创造对每个个体而言既是一个最终任务,又是一个原始行为,由此这个个体既完全具有个性,也分有某种实在性和其他实在性。

# 上帝
Dieu

■"如果到处都是同一类完成的行动——要么它消解自身,要么它试图再造自身——那么我在谈论各个世界就像一大束烟花喷射一样从中涌现的一个中心时就只是表达这种可能的类似,不过只要我不把这个中心当作一个物,而是当作一种有关涌现的连续性。这样被界定的上帝毫无可做之事;他是连续不断的生命,是行动,是自由。"(EC,249)"如果哲学家想用程式来表达神秘主义,那么他很快就会对这种本性做出界定。上帝就是爱,而且上帝就是爱的对象,神秘主义的贡献就在于此。[……]神圣之爱不是上帝的某物:它就是上帝本身。"(DS,267)"[文学创造]能够通过形式给物质创造赋予形象(image),哲学家必须考虑把神秘主义者从中洞察到上帝本质的爱表现为创造性能量。"(DS,270)

**上帝**因此是处于一切创造之源的纯粹情绪。

人们能够通过两条类比路径来谈论上帝这个定义:一是从创造观念开始,创造首先被应用于自由行为和生命,然后被应用于宇宙本身;二是从创造性情绪开始,它被每个人在其行为或作品中所体验,但特别是被伟大的神秘主义者们所体验,他们给它起了一个名字:爱,它不再是"可被定义的",而是在经验中被感受到的;因此,它不只是一种类比("类似"、"影像")效应:以其简练的风格,它就像一个适宜于这整个思维而展开的磁极一样而起作用。

■■因此,重要的是度量它的批判范围。上帝既不是一个"概念",也不是一个"物",还不是一个"人",如果人们至少想将这个人与某种情绪隔离开来(其中它在那些感受到它和它"消耗的"特权者身上显示出来),而且如果人们在宇宙的创造本身之中想将它与它仍在进行中的效应切割开来(延伸到人类的道德创造、自然和历史中)。柏格森的上帝观念与"哲学家的上帝"并不对应:它对应着"亚伯拉罕、以撒和雅各的上帝吗"? 如梅洛-庞蒂(Merleau-Ponty)所说的那样,它是表达一种"奇特的、极其个人的和在某些方面是前基督教的宗教哲学"(《成长中的柏格森》[*Bergson se faisant*],载《哲学赞词》[*Éloge de la philosophie*],伽利玛出版社,第34页,也可参见该书第32页:"这是人们追溯的上帝……")?

■■■根据柏格森的说法,上帝无论如何都处于实在、生命、行动、自由、情绪、绵延的有强度的尺度的前沿(然而,唯一词语并未在他给出的两个定义中被应用)。上帝出现在他的最后两本书中,但也出现在其他地方,特别是出现在《思想与运动》的各篇论文中,以形容词("神圣的"[divin])或令人迷惑的暗示的形式出现。让我们按时间顺序引用下述要点[1]:"我们分有其性质的,但无论如何都是超验的本原"(PM,p.176);"与一位更伟大的**主人**联系在一起的各位主人"(PM,p.116);"它们对精神性的分有——我们将可以说它们对神性的分有,如果我们不知道在我们甚至是纯净化和精神化的意识中还混合着人性东西的一切"(PM,p.29);"在一种精神无论是多么卑微的努力中,已经有某种可以说是神圣的东西,而这一精神重新融入生命冲动之中,而生命冲动是产生观念的各种社会的发生器。"(PM,pp.64-65)

---

[1] 本书在2000年第1版和2013年修订版中的页码引用格式有所变动,本词条的下述页码标注还保留着2000年第1版引用《柏格森全集》的页码。中译本依据本书"参考书目注释(与缩写)"所参考的法国大学出版社出版的柏格森著作批评版(袖珍本)修订了页码,以便统一中译本引用页码的格式。如译者发现本书出现此类情况或引文页码有误,中译本尽量予以订正,不另作注释说明。——译注

# 绵延
## Durée

■ "当我们的自我放纵自身的时候,当我们的自我避免确立一种在当下状态与以往状态之间进行的分离的时候,完全纯粹的绵延是我们意识状态的相继(succession)所采取的形式。"(DI,74-75)"绵延就关乎着这一点。内在绵延是一种将过去延伸到现在的记忆的连续生命……"(PM,200-201)"绵延是现在在前进过程中吞噬着未来并膨胀扩大的持续进展。"(EC,5)"应该……仅仅抓住先行到来的东西在随之而来的东西之中的继续和持续不断的转变,即没有可分割性的多重性和无分离的相继,以便最终再获得基本时间。这便是直接可感知的绵延,如没有它,我们就没有任何的时间观念。"(DSi,55)"绵延本质上是那不再处于所是之中的东西的一种继续。"(DSi,62)

**绵延**因此关乎一种不管其是什么的内容的连续相继。

当一个整体(tout)有相继、继续、构成时,就会有绵延。作为纯粹的相继,其有差异的"部分"从未"同时"被给予或者绵延同时是复数的(它以一种杂多为前提),而且尤其是作为时间的相继,绵延甚至是"基本时间";作为连续或毋宁说作为继续,绵延是在时间的流逝本身之中统一时间的事实或行为;作为某物的相继或继续,或毋宁说是在随之而来的东西之中因此经由这种差异与这种不可分离性而先行到来的某物,绵延由一个个体性的整体或一种分化的和不可分割的多重性构成。绵延以这三个特征为前提,或者这三个特征在绵延的概念本身中浑然一体。

■■绵延由此反对任何有关废除或违背其相继,其连续,其实质的、构成的或创造的维度的时间构想,这三点被遗忘的特征浑然一体,贯穿整个哲学史和我们的精神的运作,并给绵延概念赋予其批判的、根本的重要性。绵延反对任何在维度(过去、现在、未来)或部分(时刻、瞬间等)上的分解;绵延与它的内容一起反对任何距离,它因此是内在于它的内含物的。绵延因而不是我们认识的一种一般形式,而是每种时间实在性本身的隐秘的属性或结构,而每种时间实在性为了保存自身而不需要任何其他东西,且在每种时间实在性之外,没有什么东西可供寻求。绵延是一种绝对存在者。在这个意义上,并因此通过它的批判性范围,人们理解了绵延是柏格森哲学的原始概念,即他必须一直回归的且他的读者与他一起回归的概念。

■■■绵延概念的起源、发展和应用界定了柏格森的全部作品。"某种"绵延确实只是作为独特的绵延而实存。绵延在本质上是一个流动的或有强度的概念,就此而言它并不指称一个物,而是指称一种行为,在它启用时可以有那些有差异的强度或程度。基于我们每个人自己以内在方式获得的"内在的"或"心理上的"绵延,我们因此应该通过一种相继的扩大来构想与存在的种种程度相对应的各种各样的绵延。然而,所有这些绵延都分有"某种"绵延的性质,并由此可以彼此进入它们的差异本身。

# 生命冲动
Élan vital

■"我们由此回到[……]我们开始的观念,即生命的原始冲动,同时通过充分发育的有机体从一代胚芽转到下一代胚芽,而这些有机体在胚芽之间形成联系。在这种冲动沿着它在其间犹豫不决的各演化路线保存自身时,它是变异的深层原因,至少是那些有规律代代相传、代代累加、创造新物种的变异的基本原因。"(EC,88)"总之,我们所谈论的生命冲动关乎着创造的要求。"(EC,252)"生命冲动[……]是有限的,而且它只此一次就被给予。"(EC,254)"驱力和吸引都不是……一种冲动恰好能够暗示这样的某物,也可以引人思考[……]这种实在的、有效的绵延,后者是生命的本质属性。"(EC,119)

**生命冲动**因此再现某种是整个生命展开之起源的独有努力。

作为起源，人们追溯生命冲动就要通过其效应的多样性、生物体和生命遗传、生物体行为的统一性；作为努力，生命冲动解释生命演化在物质中所显示出来的创造，所有生物（在各种程度上）兼具创造的性质；作为独有的和受限制的努力，生命冲动通过接触那实为物质的障碍来解释这种演化或这种创造的局限性。生命冲动因此是最接近"我们希望生命具有的直观"（DS,119）的影像：这是一种通过所有"观念"的综合而被接近或调解的影像，而所有"观念"试图表达生命在我们认识中的某种东西。

■■ 在柏格森的著作中，没有什么比生命冲动的概念或毋宁说生命冲动的影像更具争议性：唯一的或几乎唯一的概念（与《物质与记忆》中的影像概念和《论意识的直接材料》中的自由概念），它从其自身方面吁求一种回顾性的、合乎教学法的解释（在《道德和宗教的两个来源》第1071—1073页非常重要的段落中）。通过一种独有的"生命本原"（principe vital）的观念，他确实回顾了生机论者们的理论，后者反对机械论的和科学性的解释，并且遭到了演化理论家本人的拒绝。从心理学的角度来看，他回顾了叔本华（Schopenhauer）的"生存意志"（vouloir-vivre）和拉马克（Lamarck）的学说；从军事和动力学的角度来看，他赞同所有隐喻性使用和所有修辞性用法。但这是借用梅纳·德·比朗（Maine de Biran）哲学的努力观念，或者甚至是处于斯宾诺莎学说核心的努力（conatus）

观念,后者也许是其最适合的关联者:生命冲动阐明了如下事实,即生命是一种独有的行为,但与障碍或抵制相对立;对此应该添加绵延或时间性创造的元素,并因此添加划分和分有的元素:冲动被划分为物种和有机体,但它们中的每一个都在各种程度上分有并保留其统一性和完整性的某种东西。因此,这的确涉及对活力(activité)的哲学概念的修正,这一概念被应用于生命的特定领域(当然创造其所有困难的东西),并倾向于对绵延的一种特定程度的直观。

■■■生命冲动是一种影像,这个影像在柏格森学说中具有其专有的和独特的地位,也许标出其可能发生的应用或继续的限制。然而,确保其一般意义和强化用法的,的确就是拥有所有生物的分配和分有,包括且也许特别是在他从人类物种中开辟出一条仍然活跃的道路的地方(只要它是创造性的),因此特别是在善良的伟人和道德的、宗教的生活的创造者中间。

# 空间
Espace

■"为了空间产生于[感觉的]共存,需要精神的动作来同时拥抱这些感觉并把它们并排置列[……]。[这动作]主要关乎对一种空虚的、同质的介质的直观或毋宁说是对这种介质的构想。因为几乎没有可让人接受的、关于空间的其他定义;这是我们可以彼此区分好几种同样的和同时发生的感觉的东西——因此这是一种与定性的分化原则不同的分化原则,因而是一种不具有质的实在性。"(DI,70-71)"这种简单被构想出来的基质,有关任意的和不确定的可分割性的这一非常理想的图式,就是同质空间。"(MM,235-236)"因此,同质空间和同质时间既不是事物的属性,也不是我们的认识能力的基本条件[……]这些是我们之于物质的行动的图式。"(MM,237)"[精神]就纯粹空间所形成的表象,仅仅是这一

37 [松弛]运动在其中获得成功的术语的图式。"(EC,203)"物质在空间中延展自身,却在空间中未被绝对地延展[……]既然给物质赋予纯粹空间的特性,那么人们就可以前往物质简单勾勒出其方向的运动的终点。"(EC,204-205)

**空间**因此是某种纯粹的、同质的表象,我们在这种表象中掌握那些同时发生的对象,以便区别和划分它们;空间是我们的精神为了满足我们行动的需要而通过一种特定行为制造的表象;而且空间为了这个目的能够将它的诸特征强加给任何实在性,根据任何实在性的固有本性,伴随着一种可变的合法性和一种可变的成功(如同在知觉和物质本身的情况下一样)。

空间是我们再现某一对象所凭借的东西,这可以说是由那些同时发生的、同质的、不连续的和无限可分割的部分组成:空间由此逐一地与绵延相对立,不仅通过它的特征,还通过它的本性(就像精神的动作一样)和它的功能,因为绵延诉诸实在的直接构成,而空间诉诸它的实际变形。它的特性是几何学以纯粹方式、先天地研究的特性;它的起源是我们的精神的一个间接动作,而不是对诸事物的一种直接认识,即使这种动作并不完全是概念性的或想象性的,而且它能够利用一种有关实在部分的趋向来朝着它的方向前进;因此,它的应用应该被分化,根据各对象的类型,根据对象本身是否包含一种空间性的倾向。

■■对空间的这种构想的关键问题是决定性的:这涉及我们的思维(空间是其形式本身)与实在性(空间歪曲其时间本性)之间的关系。空间远非物质的本质(如在笛卡尔哲学中那样),或者远非我们的感性直观的一种结构(因此全都接近外部现象),空间因此在柏格森哲学中只是我们的精神特有的一种构想行为的结果,这种构想行为更多地针对我们行动或我们人类的需要。从此,物质本身或者完全避开空间(根据《物质与记忆》,该书从其深处洞察到绵延的程度),或者部分地避开空间(根据《创造的演化》,该书从中洞察到一种空间化运动,与生命的逆向运动相对立,但从未简化为几何学的纯粹的、虚空的空间)。空间到处通过语言、知觉、制度来干预人类的认识和行动;在任何地方,建立空间和限制空间的关键任务都是加倍必要的。柏格森的所有作品在深化绵延的同时也都致力于空间研究。

■■■不仅是柏格森的空间理论,或者毋宁说是空间与物质之间的关系理论,从一本书向另一本书演进,而且特别是人们明白任务首先在于分辨个别的混合物,而不只是分辨对这些混合物的一般性批判。可体验的空间是一种部分定性的混合物,后者无法简化为由我们的科学所构想的空间;相反,可思维的空间不是一种纯粹的虚构,它对物质的掌握和数学物理学(包括相对论在内)获得的成功,可以通过一种与诸事物的"内在几何学"的协调来解释。

# 精神
Esprit

■"我们以肯定特征而非以否定来界定精神和物质。纯粹知觉将我们确确实实置于物质之中,并且我们凭借记忆已经的的确确深入理解精神本身。"(MM,200)"精神在知觉中已经[是]记忆,并且越来越被确认为过去在现在之中的一种延伸、一种进展、一种真正的创造。"(MM,249)"如果精神的最微弱作用是把事物绵延的相继时刻联系起来,[……]人们设想物质与充分发展的精神之间存在着无数的程度,即精神不仅能够做出不确定的行动,而且能够做出合乎理性的和考虑周密的行动。"(MM,249)"这个事物,它从四面八方超出身体和在重新创造自身时创造动作,它就是'自我',就是'灵魂',就是精神——因为精神的确是一种力量,这种力量能够从自身汲取的要多于它所包含的,能够退还的要多于它所

接受的,能够给予的要多于它所拥有的。"(ES,31)

**精神**因此是某些动作在它们由此区别于简单的物质效应时经由自身所显示出来的和迫使我们进行假设的记忆和创造的源泉。

精神因此区别于物质,通过某些动作给简单的物质效应添加的各种特征,不仅是记忆和心理综合,而且是创造和一般意义上的新生事物。如果一个动作显示出来的某种东西多于应该是其外部原因之结果的东西,那么就必须给它假设另一种内部的起源:这个起源被称作精神,要么这涉及记忆(添加到对对象的知觉之上的回忆并非来自对象),要么这涉及一种总是个体性的创造力。最终精神仅仅通过它的动作而实存,因此不会像一个抽象的、固定的"实体"一样实存:这是一种行动能力,而且是一种自由,而不只是一种存在类型。

■■精神的这个定义在一种同时受启于贝克莱(Berkeley)和拉维松(Ravaisson)的形而上学传统中占据一席之地,如果人们愿意的话,但在它的标准上仍然是原创的。无论如何,它都通过一种一般的和非物质的属性来反对任何实质性定义;它也反对任何客观性的简化;它最终反对任何批判性的或现象学的悬置。柏格森确实要求得到某种像"精神能量"(énergie spirituelle)和心理力量一样的东西,这在《道德和宗教的两个来源》的最后几页中也有所提及,伴之以对"心理科学"(science psychique)的神秘诉求(p.336-

337)。

■■■这个定义或其应用的强化方面正是将柏格森哲学界定为"唯灵论"(spiritualisme)的东西,或者毋宁说是界定柏格森的唯灵论的特异性的东西。

按语:人们在柏格森的书中发现了"精神"一词的另外两个含义:在《笑》中作为幽默形式与在《道德和宗教的两个来源》中作为静态宗教的信仰对象。当然这不会或不会直接与同一概念相关。

# 虚构功能
## Fonction fabulatrice

■"引起迷信的表象具有的共同特征便是心存幻想。[……]因此,让我们同意[在'想象'深处]撇开幻想表象,而将'虚构'或'虚构作品'称作使它们产生的动作。"(DS,111)"既然智能对诸表象施加影响,[持续存在的本能的残余物]也将激起它的'想象物',后者抵抗实在的表象,并通过智能本身而成功阻碍脑力劳动。虚构功能就可以这样来说明理由。"(DS,124)"因此,让我们搁置想象(它只是一个词),且让我们考虑精神的一种被充分界定的能力,即创造我们自己讲述其历史的人物的能力。[……]我们很容易从当今的小说转向[……]神话[……]而这最后的创造只是另一种更简单的创造的扩展,即'个人能力'或'有效在场'的扩展,让我们相信'个人能力'或'有效在场'是宗教的起源。[……]虚构功能

由此从人类的生存条件中推断出来。"(DS,206-207)

**虚构功能**因此在人类的生物结构中是与智能的事实和表象相对立的虚构作品和信仰的起源。

它的效应是从静态的宗教以及儿童角色或故事到神话和文学、文明和文化。

作为一种功能,虚构回应了一种由智能本身与其"令人沮丧的"表象的危险所引起的生命需要;作为虚构作品的来源,虚构以想象的和有效的存在物的表象来回应虚构作品,然后这些表象以叙事或寓言的形式展开;如果它们能够变成自主的和补偿性的,那么它们就应该首先回应生命需要并激起信仰,因此它们的功能最初是宗教性的。

■■这个概念从几个方面参与论争:首先是概念或能力(在此是想象)之界限的心理学论争;其次是神话起源的人类学论争;最后是美学和文化的论争,因为艺术起源本身在社会功能和心理学方法上被归功于一种随后受到强化的历史影响的原始功能。

■■■确实,虚构功能的强化发展对智能而言就像一种历史起源一样,即使这种起源仍然处于"自然的""静态的"框架之内,因此并未达到"动态的"宗教或"神秘的"体验将要建构的决定性跳跃,唯有它们是真正新颖性或历史性的唯一创造者。在神话的东西与神秘的东西之间,柏格森的哲学划出了一道深渊。

# 一般观念
## Idées générales

■"一般观念因此在被表象之前将被感觉、被经受。"（MM，178）"一种限于任何事实的心理学[……]将使一般观念有时与愚弄它的行动或者表达它的词语相吻合，有时与各种各样的、数量不定的影像相吻合来表达它，以不确定的数来表示，这些影像在记忆中是它的等同物。但事实是，一般观念[……]关乎某种由此及彼的双向流动。"（MM，180）"概念，即抽象观念，或一般观念，或者简单观念。"（IM，载 PM，185）"但是[……]概念在其进行抽象化的同时进行概括。概念使一种特别属性为无数事物所共有，唯有如此，概念才能是这种特别属性的象征。因此，概念总是或多或少地通过它赋予这种特殊属性的外延来歪曲这种特殊属性。"（PM，187）"第一组[相似性]源自生物的本质[……][至于]那些从知觉中产生的构想,与物质的属性和行动相对应的一般观念,只有根据那内在于事物的数学,[它们]才是有可能发生的或是它们所是的东西[……]。但是,对几乎所有不属于我们的前两类范畴的概念而言,也就是说,对绝大多数的一般概念而言,这是社会的利益以及众个体的利益,正是对话和行动的要求支配着它们的产生。"(PM,58-64)

**一般观念**因此是好几个对象所共有的种种属性的表象,无论我们的精神是从一种在诸事物中的根据还是从它自己的需要来假想这些对象。

作为表象,一般观念(或概念)总是由我们的精神假想出来的。但是,如果它们从事物本身、物质或生命的结构中发现那些给它们充当根据的相似性或客观同一性,那么它们可能就不完全是人为的或约定俗成的。

■■柏格森思想的关键问题和演变在这个要点上混淆起来。人们可区分柏格森的三种立场:在《物质与记忆》中,一般观念基于一种根据需要来分类的、然后由人类精神提炼的身体趋向,它们因此是人为的,但不是任意的,它们并不在事物中,而是由生命决定的;在《形而上学导论》中,它们被称为"概念",它们完全变成分析的或外部的;在《创造的演化》中,特别是在《思想与运动》中,它们找到了一个双重的客观根据:通过有机的相似性来确立的生物学根据,但也通过目前在物质中心所发现的数学关系来确立的物质根据。因此,柏格森从一个完全人为论的甚至唯名论的立场转向了一个更加微妙的、双重吸收范畴起源的立场。反对者在所有情况下仍然是一样的:这涉及康德和他的知性范畴的"先验演绎"(déduction transcendantale)。与一般观念相对立的是"灵活的概念"(此处甚至可参见词条"强度")。

■■■人们从这三个立场上重新发现了一种对我们的观念的集中探索,此外这一点从《论意识的直接材料》就开始了。我们的观念并非整齐划一。柏格森的理智主义(intellectualisme)在此是建立在一种对人类智能的集中研究之上的,只有当它声称取代对独特的绵延的直观时才会遭到批评。

# 影像
## Images

■"我们将'影像'理解为某种实存:它大于观念论者（idéaliste）所谓的表象,但又小于实在论者所谓的事物（chose）——一种被定位于'事物'和'表象'之间的实存。"（MM,第7版前言,第1页）"诚然,一个影像未被知觉就能存在（être）;它未被表象就能在场……"（MM,32）"它,作为在场的影像;它,作为客观的实在性,使它与一个被表象的影像相区别的,是它在其中通过它的所有点对其他影像的所有点产生影响的必然性[……]。如果我能把它分离出来,尤其是如果我能把它的外壳分离出来,那么我就将它转化成表象。"（MM,33）"对诸影像而言,存在与有意识地被知觉的存在之间存在着程度差异,而不是本性差异。"（MM,35）"任何实在性都具有一种亲缘关系、一种类比,总之与意识具有一种关系,这就是我们通过将事物称作'影像'的唯一事实来向唯心论让步的方面[……]。但是，如果人们要把所有有意识的存在物的[……]所有意识状态连接起来，那么在我们看来，人们只是耗尽了物质实在性的一小部分，因为影像从所有方面都超出知觉的范围。"（MM, 258）

**影像**因此是物质宇宙的潜在部分，知觉将从它们中间选择其表象的对象。

作为物质整体的各部分，影像因此具有一种独立于我们的知觉乃至独立于任何知觉的实在性；但是，作为我们的知觉所遴选的各部分，它们将根据我们的需要存在，并将具有一个与它们相关的面相；因此，物质或影像的内容是实在的，且是外在于我们的，但它们的轮廓或它们的形式是想象的，且是与我们相关的。

例如，我们的手在黑暗中摸索时就会分离出一扇门的把手：它"就在那里"，是一个实在整体的潜在部分（它本身是看不见的），但正是我们的手、我们的行动分离了它，并由此赋予它一种客观的但与我们相关的形式（而且另一个身体或另一个知觉装置将清晰地以不同方式显示出来）。

影像的集合不是一个影像，而是物质本身；由生命体（corps vivant）和意识对世界各个部分的划分称作知觉。

■■柏格森赋予"影像"一词的含义与一种双重传统背道而

驰。一方面,在外部对象的心理复本的意义上,这并不涉及影像或表象:影像是世界的一部分。但是,另一方面,事物必须被称作影像,因为知觉不会给它们添加任何东西,反而只会使它们失去它们相互关系的一部分。因此,柏格森把事物称作影像,确实是为了指出我们的表象的整个内容,包括表面上与我们的精神最相关的可感的质(颜色、声音、气味等),都是宇宙的物质本身不可或缺的一部分("对象就如我们所感知的那样自行是风景如画的:它是一种影像,却是一种自行实存的影像。"[MM,2])。因此,将事物称作影像,这并不是将世界转换为表象,反而是将我们所有的表象、我们意识的所有特征铭记在世界之中。

从此,这两个方面解释了我们的表象与事物的实在性之间的相对差距:一方面是我们强加给物质对象的空间划分,而且根据《物质与记忆》的说法,它在任何情况下都纯粹与我们的需要相关;但还有另一方面就是可感的质的时间性收缩,后者可归因于我们的绵延的节奏,例如,它致使我们将那些粉饰物质的、被分布在数万亿个影像之上的振动收缩成唯一的红色影像。

■■■这涉及一种为《物质与记忆》所假想的、随后因两个原因而被抛弃的概念:公众的不理解,但也是对《创造的演化》更深刻的、不完全的转变。确实在这本书中,柏格森将物质铭刻在空间之中,并且影像的划分从此发生在物质在空间上分开的一种内在趋向的背景下。但它就知觉所涉及的论题仍然是中肯的,并且是由柏格森所提出的。

实质上,应该指出的是,将我们的知觉划分为影像本身是有强度的:除了那些实为纯粹影像的坚实的和稳定的对象之外,世界的某些方面尤其会抵制运动。因此,影像与时间或运动之间的矛盾是内在于我们的表象的矛盾,柏格森将其归因于它的"电影的"特征,德勒兹将这种矛盾变成他对**电影**影像分类的动态的和强化的原则。

# 无意识
## Inconscient

■"无意识表象的观念是清楚的[……]如果不是一种无意识的精神状态,也许是一种未被知觉的物质对象、一种未被想象的影像。"(MM,157-158)"我们过去的整个心理生活都制约着我们现在的状态,却没有以必要的方式规定后者;前者也完全在我们的性格中显现出来,尽管过去的状态都没有明确地在性格中显示出来。既然这两个条件被连在一起,那么它们就给每一种过去的心理状态确保了一种实在的、尽管是无意识的实存。"(MM,164-165)"但在此应该指出的是,两种无意识之间存在一种太少被人察觉的差异:一种无意识关乎着一种无效的意识,另一种无意识来自一种被取消的意识。[……]对落石的无意识是一种无效的无意识:石头感觉不到自己的下落。在本能是无意识的极端情况下,本能的无意识是否是同样的情况呢？当我们机械地完成一个习惯性动作时，当梦游者不由自主地展现他的梦时，[……]表象就被行为所阻挡。"（EC,144-145）

**无意识**因此是知觉的这一部分，尤其是个体记忆的这一部分，由于行动的限制，意识没有为了表象而选择这一部分。

从广义上讲，人们可以说所有潜在的表象都是无意识的，即可感知的但未被察觉的对象、被保存在记忆之中的但记忆目前不会唤起的回忆。然而，在狭义上，无意识的确是指个体记忆或性格的全部，其总体实存由它对我们行动的影响显示出来，但其各部分仍然是无意识的，恰恰因为它们单独是无用的。因此，一种精神状态的无意识只是它的无能为力，后者阻止它采取一种知觉形式；这不是它的非实存，此外也不是它的完全无能为力，因为它分有个体永远活跃的全部（在这个意义上，无意识确实是一种力量，即使它不是决定性的和它保留着自由）。无意识可以通过意识的没有利害关系的活动（梦、艺术、直观思维）来探索。

■■因此，在柏格森的哲学中，定义无意识的贴切标准是双重的：一是肯定的标准，因为这涉及精神状态，绝不只涉及物质机制，这些机制也是无意识的（确实是明确地而不是潜在地）；二是由动作定义的否定的或抑制的标准。从此，这种无意识概念就在同时代心理学家的"大脑无意识"（最近由马塞尔·高歇[Marcel

Gauchet]所研究)和同时代由弗洛伊德所发现的无意识之间占据一席之地,弗洛伊德的压抑和积极行动的原则不是生物的行动,而是欲望。然而,它在弗洛伊德学说中具有同样的功能:反对一般意义上的精神的任何线性表象,一种在每个个体精神的三个维度上被视为时间整体的构想。当然,这一点如今在"精神哲学"(philosophie de l'esprit)的辩论中仍然是根本性的。

■■■柏格森将这个概念算作其哲学的流动性的和直观性的概念之一(PM,30)。然而,它的作用在《物质与记忆》之外仍然是不引人注目的:尤其在那些被收录进《精神的能量》的心理学论文中,应该探寻它的作用(特别是《活人的鬼魂》、《梦》和《现在之记忆与误认》)。

# 本能
Instinct

■"毫无疑问,所有本能都不关乎一种运用先天机制的自然能力。[……]但是对本能的这种定义[……]至少可以规定着被定义对象的众多形式逐步走向的理想限度。[……]完善的本能是一种使用、甚至制造有机工具的能力。"(EC,140-141)"如果本能特别是利用有机的自然工具的能力,那么它就必须包裹着有关这种工具及其所适用的对象的先天知识(真的是潜在的或无意识的)。本能因此是关于事物的先天知识。"(EC,151)"本能是同感。如果这种同感能够扩展它的对象,也能够反省己身,那么它就给我们提供了生命运作的答案……"(EC,177)

**本能**因此是某些生物通过直接运用它们的器官和对它们的对象的直接(但无意识的)认识来对物质起作用而具有的能力。

对柏格森来说，本能因此是生命之于物质的行动样式之一，同时在本性上区别于其他两种不同模式（植物的昏沉状态和光合作用、人的智能和制造）；但智能也是一种认识样式，只要它在它的作用或它的功能本身之中总是包含着对有用对象的确定的知觉。

■■因此，本能的这种定义在最极端的情况下是一种建立在心理学理论基础之上的通道，同时它使生命的要义关乎着行动样式和认识样式，而不关乎着组织类型或纯粹行为类型。它以一种仍然成问题的方式连接着生物学、心理学和认识理论（尤其是在它与智能的逐项对立方面）。

■■■本能首先徒劳地成为动物的特征，但它属于任何生物在任意程度上保留其痕迹的生命趋向，无论是涉及其昏沉状态有时与本能性行动靠近的植物，还是涉及其智能核心使直观能够发展的本能的"边缘"（frange）继续存在的人类。因此，本能显得是直观的生物基础，即它植根于生命，因此也植根于存在本身；但直观不能简化为本能，因为它是本能扩大的、有意识的形式，这种形式并不会抓住生物的行动，而是抓住生命和绵延的本质。此外，为了抵消智能，自然也应该引起"潜在性本能"（instincts virtuels），后者起源于封闭的义务和宗教，并且像直观把人类带往高处一样把人类向下拉，同时清楚地显露出本能的潜在能力对人而言且只对人本身而言的双重可能方向，而他的生物归属赋予他这种潜在能力。

# 智能
Intelligence

■"智能在那似乎是其原始活动的东西中被考虑时就是制造人工物品的能力,尤其是制造那些制作工具的工具,且没完没了地改变它们的制造。"(EC,140)"智能是制造无机的——人造的——工具的能力。[……]它因此与生俱来的东西是有待建立种种关系的趋向,且这种趋向蕴含着对某些极其一般的关系的自然认识,即每种智能特有的活动将裁剪为更特殊关系的真正才能。"(EC,151)"智能考虑外部,就其自身而显露自身,基本上接受无机自然界的各种活动,以便事实上引导它们,智能在这个时候就是生命。"(EC,162)"智能的特点就是对生命的天然不理解。"(EC,166)"智能究竟是什么?人类的思考方式。智能被赋予我们,就像本能被赋予蜜蜂一样,用以指导我们的品行。[……]无论是精确的还是

含糊的,它都是精神给物质提供的关注。"(PM,84-85)

**智能**因此是某些生物(人类)通过工具对物质起作用和通过它们的关系来认识某些对象(因此首先通过空间来认识物质)而具有的能力。

■■柏格森的智能概念的主要关键是吸收认识理论。直到《创造的演化》仍被作为同义词使用的知性(entendement)不再像他在早期一些书中那样仅仅是一种实践功能:它真正成为生物物种本身的特有能力,后者首先由其行动样式来定义。人类认识的结构因此可从它的行动样式(制造)中推导出来,即使制造不会被简化为它,因为智能的特性是能够无限变化,全靠其物质和理念、技术和逻辑的工具。同时,可以推导出的是它与实在性的一部分(物质)在原则上的和睦相处,但也是它对其余部分构成的限制。柏格森的形而上学的二元论这一次完全被引入认识理论本身之中。因此,柏格森的批判通过怀疑康德的批判而进行扩展:不再是我们的直观的可感界限缩减我们的智能的范围;相反,我们的智能的生物功能限制着我们的直观的范围;进而言之,这种限制能够被超越,如果直观超越智能来接触它的专有对象,然后利用智能,以便采取一种逻辑形式并被传递给人类。

■■■智能一上来就包括一种绝对的、由空间构想和判断逻辑来界定的限制。但是,这种逻辑和空间之于实在的应用包括界定物理学历史本身的各个阶段。此外,正如直观应该转向智能一样,智能也包括对其对象的一部分直观:因此柏格森可以谈论次理智的和超理智的直观。这同样将适用于智能或理性的道德功能:在两种分别是次理智的和超理智的力量(逼迫与向往)之间,智能不能奠定道德,也就是说不能诱发或转换意志,但它能赋予意志一种逻辑的和教义的以及技术的和社会的形式。因此,智能概念的展开,远非被归结为一种粗略的批判,而是将深入贯穿我们经验的所有领域。

# 强度(灵活的概念)
# Intensité( concepts souples)

■"强度概念以一种双重面相呈现出来,根据人们研究的是那些再现外部原因的意识状态还是那些自给自足的意识状态。在前一种情况下,对强度的知觉就关乎着某种凭借结果的质而对原因的大小所做出的评价[……]在后一种情况下,我们将我们在基本状态内部猜测到的简单心理事实的多少值得考虑的多重性称为强度[……]强度观念因此位于两股流的交汇处;其中一股将从外部给我们带来广延大小的观念,另一股则在意识的深处、为了将意识带到表面而去探寻一种内在多重性的影像。"( DI,54) "人们在物质和充分发展的精神之间设想无限多的程度[……]这些程度中的每个程度,度量着一种日益增长的生命强度,对应着一种更高的绵延张力,并在外部表现为一种有关感觉运动系统的更大发展。"

(MM,249)"广延和张力接受多种多样的、但总是被确定的程度。知性的功能是[……]用那些从行动的需要中产生的、僵化的抽象化来取代那些包含着程度的、灵活的实在性……"(MM,278-279)

**强度**因此是在个体的实在性之间(就是说在那些不可分割的多重性与统一它们的行为之间)直接被感觉到的、绝对的差异。

强度在外部表现为一种同样性质的元素之间的可计算和相对的差异,但它永远不会简化为这种差异。

作为一种差异,强度凭借实在性之间的关系才有价值,却没有共同的属或共同的度量(mesure):绵延的强度由此是有差异的绵延,而不是"同一种"绵延的各种变化;这种差异因此不是被计算的,而是被感觉到的(通过它的效应,并根据各种阈限);此外,由于每种独特的实在性都与其他一些实在性接触(强度以他异性为前提),所以正是这种接触提供了强度的差异乃至尺度的观念。根据一个相对的比较项,这种纯粹差异从外部被表现出来:针对有强度的光感觉的光源的量,针对活体有强度的知觉或行动的大脑复杂性的量,针对绵延节奏而被收缩的各种物质振动的量,针对道德和神秘主义的行动而被克服的各种障碍的量,等等。

人们将这样一些概念称作灵活的概念或流动的概念:它们不是指一种一般的和固定的、为好几种独特的实在性所共有的属性,而只是指由独特的和不可计量的实在性之间的接触而产生的、连续的尺度或曲线(例如,哲学中的绵延概念或数学中的微分概念)。所有与直观相关的概念都是灵活的、诉诸有强度的实在性的概念。

按语:这种根本对立在柏格森的哲学中不是处在"程度差异"(différences de degré)与"本性差异"(différences de nature)之间,而是处在那些始终是本性差异的强度差异(différences d'intensité)与那些从不是本性差异的数量差异(différences de quantité)之间,而后者总是在一种同样量级和一种共同度量的内部被操作。因此,"程度差异"可以有两种含义:量的相对差异,或质的绝对差异,因此是本性差异。德勒兹在《柏格森主义》(Le bergsonisme)一书中基于这种区分("程度的"差异和"本性的"差异)的分析仍然至关重要,却是以这种精确度为代价的;如无这种精确度,人们就有可能仓促地批评德勒兹和柏格森都从中洞察到实在要义的程度差异或强度差异。

■■柏格森的强度概念首先与《论意识的直接材料》所批判的、康德的"强度量"(grandeur intensive)概念相对立。作为"不纯混合物"中的第一个,这特别是基于意识状态度量的任何心理学错误的根源,如心理物理学(psychophysique)。但它给质的概念增加了一种内在多重性的观念,这种多重性可在一种无论如何都以各种阈限为标志的连续尺度内部思考它的可调节的变化(这甚至是柏格森从康德对强度量或程度的分析中所抓住的)。因此,在被揭示为不纯混合物中的第一个和所有其他不纯混合物的来源之后,强度观念可成为流动的概念中的第一个和所有其他概念的来源。

■■■强度或程度概念的用法,远非被局限于柏格森第一本书的第一章和《物质与记忆》及《形而上学导论》中对绵延程度的分析,而是贯穿柏格森的全部作品,正如人们在那些献给他的"词汇"的灵活概念的第三个标题中所看到的那样。这也是他最丰富的概念之一,即整个充满活力的柏格森主义(从瓦尔[Wahl]或古耶[Gouhier]到德勒兹或梅洛-庞蒂)都从中受到启发的概念。

# 直观
Intuition

■"纯粹直观,无论是外部的还是内部的,都是对一种不可分割的连续性的直观。"(MM,203)"分析对不动物起作用,而直观则处于运动性之中,或者同样处于绵延之中。直观与分析之间泾渭分明的分界线就在于此。"(PM,202)"就是在生命的内部,直观将引导我们,我的意思是本能变得不关乎利害关系,可意识到自身,能够思索它的对象,并能无限扩大它的对象。"(EC,178)"因此,我们所谈论的直观,首先是关于内在绵延的。[……]直观因此首先就意指意识,不过还意指直接意识、勉强与所看到的对象相区别的视觉,实为接触甚至重合的认识。[……]直观是抵达精神、绵延、纯粹变化的东西。"(PM,27-29)"然而,有一种根本的意义:直观地思考就是在绵延中进行思考。"(PM,30)

**直观**因此是在任何事物中对作为最终实在性的绵延的直接认识。

作为一种认识，直观可能是对一个"对象"的直接认识，因此没有任何东西夹杂着"主体"，按照所谓的"感性的"直观的模型，即我们的感官的纯粹感受性；作为一种关于绵延的认识，直观可能是对它的特征、相继、连续性、多重性的意识。但是，直观的特性在此恰恰是这两个方面之间的严格联系：不仅对绵延的特征有一种直接把握，而且反过来说特别对实在性都有任何把握或直接意识，无论它是被把握还是在这种实在性中对这些特征的意识，即绵延特有的特征。因此，按照感性的(或本能的)认识的模型，不仅只有直接认识获得绵延；尤其重要的是，任何直接的(包括感性的)认识都是对一种绵延的意识或认识。这就是为什么直观在"无论是内在的还是外在的"任何事物中且恰好通过它的直接方面来证实那作为最终实在性的绵延。

■■因此，柏格森恢复直观概念的经典特征，例如与一个对象的直接接触，他并不寻求或构建经验无法获得的任何直观；相反，正是在感性的、时间性的、直接的经验中，必须有直观，或者完全没有直观。但是，如果直观被给予，那么它就给出实在性的种种特征，却没有全靠我们感官或我们认识的任何相对性，因此它具有一种形而上学的意义；绵延的标准因此是直观的形而上学范围的内在保证。正是在这一点上，柏格森才反对康德，通过在"感性直观"（l'intuition sensible）的"物质"深处使它的形式（时间）、知性概念本身（与对奠定智能的物质的直观一起）重新出现，尤其是通过神秘经验的哲学家自己无法获得的中介来使有关自我、世界甚至上帝的大量形而上学经验重新出现。柏格森也反对任何"智性直观"（l'intuition intellectuelle）的概念，我们由此应该理解一个普遍原则：通过个体意识，唯有对那些独特的实在性的直观。人们最终找到"审美直观"（intuition esthétique）和"哲学直观"（intuition philosophique）的表达；这已经是程度或发展的差异，因为艺术留在个体之中，哲学从中汲取一般性的和批判性的考量。但直观首先是内在于我们生命的潜在能力，而艺术和哲学，还包括自由行动和道德创造，是我们生命的承载者或揭示者。

■■■莱昂·于松（Léon Husson）凭借《柏格森的理智主义》（L'Intellectualisme de Bergson）一书最精确地提供了"柏格森的直观概念的起源和发展"，同时有理由使直观概念出现在《物质与记忆》的第四章中。然而，从《论意识的直接材料》开始，在某些行动中，看与行动之间的重合可获得一种基于绵延标准的直接认识，而且这种重合已经是直观的。《物质与记忆》概括如下：任何直观，从物质中对运动的知觉直到自由和超出自由，都是对一种连续性或一种潜在绵延的揭示。由此便有了《形而上学导论》中直观的努力程度。直观的可能性的生物条件在《创造的演化》中得以研究;最后,其意义始终隐蔽在《道德和宗教的两个来源》之中。

# 自由
Liberté

■"简而言之,当我们的行为源于我们的整个人格时,当我们的行为表达我们的整个人格时,当我们的行为与我们的整个人格一起具有这种无法定义的、人们有时在作品和艺术家之间发现的相似性时,我们就是自由的。"(DI,129)"人们将自由称作具体自我与其所完成的行为的关系。这种关系是无法定义的,正是因为我们是自由的。"(DI,164)"自由绝不会由此被重新引向[……]感性的自发性。顶多在动物身上是如此,动物的心理生活尤其是情感性的。但是在人这个能思维的存在者身上,自由行为可以被称作感情(sentiments)和观念的综合,且被称作某种将合理演化引向它的演化。"(MM,207)"或者自由就是一句空话,或者自由就是心理因果关系本身[……]我以自由反对必然性,不是像以感情或意志反对智能一样,而是像以直观反对分析一样,像以从内部体验和知觉的实在统一性反对人们能够对它采取的视觉多重性一样……"(1903年2月26日致莱昂·布伦茨威格,《杂论集》,pp. 586-587)"自由行为与观念是不可通约的,而且它的'合理性'(rationalité)必须由这种不可通约性本身来定义,后者可以从它找到人们所希望的、同样多的可理解性。"(EC,48)

**自由**因此是某一种行为的属性,这种行为的原因不可化约为外部的任何决定或孤立的任何动机,它是一种独特的、绵延着的实在性的全部。

自由因此只存在于各种独特的行为中,这些行为与一个本身是独特的主体有关,而不是与一种以自主方式进行决定的一般能力有关;这些行为向任何决定性的解释的不可化约性来自这个主体本身的独特绵延;只有推而广之,自由才能定性这种绵延或这种因果关系本身。

■■因此,柏格森没有将自由定义为一种能够在或多或少偶然的或无关紧要的各种可能性之间做出区分的自由意志,尤其没有将自由定义为凭借唯一理性进行决定的能力。自由甚至不只是为了一个抽象的自我而是其行动的原因这一事实:对柏格森来说,自由本质上是与一种行为的个体性同外延的,而这种行为本身与任何实在个体性的时间的和动态的本性联系在一起。因此,自由本身是由自我的绵延所产生的行为,即这个自我和它本身的内容在回溯时所处其中的行为。这是非理性主义吗?仅仅部分是,因为在这种绵延中有一些在个体推理中被采取的理由。这是自然主义吗?仅仅部分是,因为在自我的这种经验主义中,自我逃脱了任何一般的本性。这是心理主义吗?仅仅部分是,因为自由不仅是人类个体自我的特征,而且扩展到那被理解为绵延的存在的所有程度,并在所有这些层面上采取形而上学特有的一种意义。

■■■"自由没有阐明唯灵论有时赋予它的绝对特征;它接受种种程度。"(DI,125)事实上,它接受心理程度,并且根据一个行为动员我整个人的方式,这个行为或多或少被说成是自由的:从自动作用到由一个唯一个体在特定时刻做出的最重要决定,存在着所有程度。它接受形而上学的程度,甚至从物质到精神来定义存在的种种程度。

自由对行动者而言是它的行动的意义本身:"生命的整个严肃性来自我们的自由。我们反复酝酿的各种感情,我们酝酿的各种激情,我们深思熟虑、制定、执行的各种行动,总之来自我们的和真正属于我们的,这就是给生命赋予它有时戏剧性的和通常严肃的姿态。"(*Le Rire*,p.60)

# 物质
Matière

■"我将物质称作影像的集合……"(MM,17)"从其整体上被展开的、被考虑的物质就像一切都在其中互相平衡、互相补偿和互相抵消的意识;它确实提供了我们知觉的不可分割性……"(MM,246-247)"物质,随着人们对它继续做进一步分析,它就[趋向]越来越只不过是一系列转瞬即逝的时刻,这些时刻相互推演,而且它们因此相等。"(MM,248-249)"物质在空间中延展自身,却在空间中未被绝对地延展[……]既然给物质赋予纯粹空间的特性,那么人们就前往物质简单勾勒出其方向的运动的终点。"(EC,204-205)"这种实在性前进的方向给我们暗示了分解的事物的观念;这无疑是物质性的本质特征之一。"(EC,246)"凭借分解的创造性姿态的这种影像,我们已经对物质有了一个更准确的表象。"(EC,248)

**物质**因此是被展开(就是说占据着三维空间)的物体及其必然关系的整体,这个整体本身关乎一种唯一的、不可分割的时间性行为(紧张或松弛)。

物质因此呈现为物体(或影像)和它们有关空间本性的关系的集合;然而,作为一个不可分割的整体,物质是张力和时间意识的一种最低程度,也是自由的一种最低程度,然而对我们来说,后者"实际上"仍然是绝对必然性的领域;更准确地说(且从《创造的演化》开始),只要它的适当行为朝着广延和几何空间的方向,它就与一种相反的张力和创造的行为截然相反,它只是通过一种简单的中断就从这种行为中产生,因此它关乎一种"松弛"的行为或一种"分解"的姿态。

■■"物质的形而上学"处于柏格森全部作品的核心。对他来说,问题在于将物质与精神和绵延相对立,而不是就此将物质简化为空间,以便建立与统一性兼容的程度差异或二元论,即共有行为的统一性。因此,柏格森既反对属性的任何二元论(笛卡尔类型的),又反对物质与精神之间的任何平行论(斯宾诺沙类型的),正如他与反对一种使物质和我们的精神之间的真正区别变得不可思考的非唯物论(immatérialisme)一样反对一种简化的唯物论。

然而,人们注意到他的哲学在这一确切要点发生的一场深刻演变。在《论意识的直接材料》中,物质世界似乎可以简化为空间,但已经伴随着一个有关其固有时间性的谜（"我们的确感觉到，如果事物没有像我们一样绵延，那么一定就有某种难以理解的原因，这种原因致使各种现象似乎相继而来，而不是同时展开。"［p.157］）。《物质与记忆》从物质中、在空间这边考虑一种具体的、不可分割的广延，后者也是意识和绵延的一种最小程度。《创造的演化》将回归到一种二元论，这一次是通过反对不再像张力的两种程度一样，而是像不同方向的两种行为一样的物质和精神，而"松弛"在精神的张力与事物的广延之间滑动。在这两种情况下，从其整体上考虑的物质仍然是一种不可分割的行为，后者逃避其各部分的空间划分，科学在这种划分下出于实践原因而不得不考虑这种划分，但科学只是趋向于这种划分。

■■■因此，为了构思物质，有必要构思一个双重的、有强度的尺度，它根据《物质与记忆》的说法是有关绵延的尺度，但更深刻的是，它根据《创造的演化》的说法是有关空间性的尺度：绵延的最小程度，或者相反，空间性的最大程度（对一个实在的事物而言，与几何学的纯粹空间相对立），物质在任何情况下都与其他一些实在性具有实联系，我们的精神、我们的自由在中间是人的生命和历史本身。物质是从存在物之间的关系中采取的一部分。

# 记忆
Mémoire

■"只要记忆以回忆层掩盖直接知觉的基底,只要记忆收缩多种多样的时刻,记忆就在这两种形式下构成个体意识在知觉中的主要贡献、我们对事物的认识的主观方面。"(MM,31)"记忆,即过去影像的继续存在。"(MM,68)"人们可以想象两种理论上独立的记忆。第一种记忆将以回忆-影像(images-souvenirs)的形式记录我们日常生活的全部事件,伴随着后者的发生[……]它给每一个事实、每一个姿态保留位置和日期[……]。但任何知觉都在新生的行动中得以延长[……]。由此一种对完全不同的秩序的经验得以形成,且这种经验沉积在身体之中,一系列全副装备的机制,[……]伴随着那些全都给无限增加的可能质询提供的反驳。"(MM,86)"但是,通过深刻地区分这两种记忆,我们并不指出它们

的联系。[……]如果我们对当下的意识已经是记忆,那么我们首先区别的两个术语将紧密地连在一起。"(MM,167-168)

**记忆**因此是过去在现在中的保存和表象。

记忆呈现三种形式:**纯粹形式**,它是对一种个体意识中发生的一切的记录,是对一种总体的无意识中发生的一切的保存,有时回忆-影像(只要是有用的)从这种无意识里更自由地再次出现在梦和不关乎利害关系的认识中(相反,正是这些行为蕴含着这种保存,并迫使我们以它为前提);**习惯**,它是通过重复建立身体机制,并因此或多或少是无意识的自动重现(所有这些特征因此都逐项用它与纯粹记忆相对立);最后是**直接形式**,它是界定绵延的厚重现在的综合,而这种综合使前两种记忆进行沟通,通过将纯粹过去铭记在现在的行动之中(经由实为回忆-影像的这种混合,即过去的表象),还通过将按理说纯粹是瞬间的身体机制铭记在个体的意识和历史之中。因此,前两种记忆的心理区别只有凭借第三种记忆的形而上学优先性来构思,第三种记忆与绵延和意识本身是同外延的,其强度随着前两种记忆一起变化。

■■记忆概念的外延,以各种重要区别为代价,是《物质与记忆》的主要进步之一。柏格森首先区分记忆与知觉,以便更好地将知觉锚定在实在之中:正是因为记忆,人们才常常认为我们的所有表象都是内在的或精神的。既然过去时刻的表象既不能用知觉来解释,也不能用那只会导致知觉在运动装置中延长身体记忆来解释,柏格森就以纯粹记忆为前提,它保存着时间的所有不易区分的时刻,同时对某个事物的每次知觉都成为对某个人的记忆。这两者之间的关系,通过作为时间综合的意识或作为直接记忆的绵延,是我们整个心理生活的真正原则。因此,记忆同时成为普通心理学(通过意识和品行的各方面)、认识理论(我们所有的观念都由此得以产生)和形而上学(通过绵延)的中心概念。

■■■这些概念的集中使用处于该学说本身的核心。如今自然的区别和集中的组合仍然完全相关,以便解释记忆概念本身以如此总体的和如此含糊的方式所指称的一切。

# 形而上学
Métaphysique

■"如果存在一种方法可以绝对掌握实在性而不是相对认识它,置身于它之中而不是采用那些有关它的观点,拥有关于它的直观而不是对它进行分析[……]形而上学就是这样。形而上学因此是声称放弃象征的科学。"(PM,181-182)"在这个意义上,形而上学与经验的概括没有任何共同之处,然而,它可被定义为'完整的经验'(l'expérience intégrale)。"(PM,227)"因此,我们给形而上学指定一个限定的对象,主要是精神,且给形而上学指定一种特别的方法,首先是直观。"(PM,33)"因此,形而上学并不高于实证科学,它并不需要在科学之后考虑同样的对象,以便获得一种对科学的更高认识。[……]相反,我们应将不同的对象留给它们,将物质留给科学和将精神留给形而上学:因为精神和物质相互接触,形而上

学和科学将能够沿着它们的共同表面相互检验,直到它们的接触变得繁衍丰富。"(PM,43-44)

**形而上学**因此是就那些被确定的对象来克服我们的认识与实在性之间的差距并由此达到绝对的认识。

我们的认识与实在性之间的差距并非不可逾越,这取决于三个条件:任何经验都以一个实在的对象为前提;经由我们的认识,这个对象的变形是偶然的,且取决于那些准确的标准;人们因此有一种超越这种变形的方法和一种关于实在的相反的标准。因此,"直观"首先是任何认识都假设的实在的前提条件;它的变形表现在其空间的、只与人类生活的需要相关的不连续性中;对人类生活的超越在于重新建立因直观的"努力"而失去的统一性,而这种"努力"的标准在于对"绵延"的把握。

■■柏格森的形而上学学说提出了两个相关的问题,柏格森针对它们极大地改变了他的立场:形而上学及其对象和方法的广延,因此同时是它与科学的关系。在1903年(《形而上学导论》),形而上学按理说关注整个实在(即使每次都以独特的方式,它关注那些确定的"形而上学对象"),科学必须超越它自己的方法,以便通过直观的努力来抵达绵延。在1907年后(《创造的演化》,特别是《思想与运动》导论,以及在《思想与运动》修订1903年文本的注释中),在智能与空间一起触及物质的绝对实在性时,"形而上学"

按理说就会发生分身,因为"某种"形而上学事实上看护着"精神"。科学和形而上学将不再"在直观中"而是"在经验中"汇合在一起。因此,正是通过自相矛盾地区分科学与形而上学,人们赋予科学一种形而上学范围(一个进入实在的入口),且赋予形而上学一种科学维度(一个确定的对象)。

■■■没有一般的形而上学,而只有关注独特实在的形而上学。柏格森将形而上学构思为"实证科学"(PM,216),即"渐进的和无限完美的"(PM,216)。根据梅洛-庞蒂的看法,"他完美定义了关于世界的形而上学方法"(载《人的形而上学》[Le Métaphysique dans l'homme,1947],该文收录进《意义与无意义》[Sens et Non Sens],1948年,第176页)。这种方法就在于在实在深处、认识的两个层次或与实在的两种关系之间的内在差距,即总是被恢复的或有待恢复的差距。因此,在与每种实在性的关系中,包括在与自我的关系中,形而上学的一部分有待重新获得。

# 运动
Mouvement

■"我们在此处理的不是一个物,而是一种进展:运动,作为从一个点到另一个点的过渡,它是一种精神的综合,是一种心理的、因此是无广延的过程。"(DI,82)"任何运动,作为从静止到静止的过渡,都是绝对不可分割的。"(MM,209)"通过把运动看作像它的轨迹一样是可分割的,常识简单地表达了两个在实际生活中唯一重要的事实:(1)任何运动都描述着一个空间;(2)在这个空间的每个点上,运动物能够停止。但对运动的隐秘本性进行思考的哲学家有责任给它恢复那实为其本质的运动性,而且这是芝诺没有做过的。"(MM,213)"任何运动都从内部被连接在一起。这要么是一个不可分割的飞跃(此外它能够占据一段很长的绵延),要么是一系列不可分割的飞跃。你们应该考虑这个运动的各种连接,或者你们不该思考它的本性。"(EC,310)"这一次,我们从其本质中掌握运动性,而且我们感觉到它与某种绵延相混淆,而这种努力的绵延是一种不可分割的连续性。"(PM,6)

**运动**因此是不可分割的行为,它在于从空间的一个点到另一个点(从而事后表现为位置的变化)。

运动因此不能简化为一种有关位置的相对变化;它在它从一个位置到另一个位置的绵延本身之中是不可分割的事实;这一事实以一种内在的、本身是不可分割的行为为前提。

■■对运动的空间表象的批判处于整个柏格森哲学的中心:"形而上学确实诞生于爱利亚的芝诺关于变化和运动的论据。"(PM,156)由于运动(就像绵延一样)通过空间是不可思考的,所以人们否认它的实在性,并寻求一种不动的和绝对的实在性。因此,哲学家的职责既要怀疑运动的非实在性(irréalité),也要怀疑它的相对性(在笛卡尔的哲学中亦是如此),以便肯定它既在我们之中又在诸事物之中的绝对实在性。相反,物理学家的职责是以空间方式探讨运动,以便使它的数学表象和专业掌握成为可能。因此,运动不是一种关于空间和时间的不纯粹混合,而是一种时间行为,后者在我们看来总是呈现为一种外部的和空间的关系,并引发了两种截然相反的研究。因此,柏格森重新发现了运动的质的方向,这个方向从此与一种实在的变化关联起来。

■■■不存在一般意义上的运动。每种运动,即使是在空间中,也有它固有的质。此外,人们不可能将运动着的东西(和本身是不变的东西)与运动本身区分开来;因此,正是"运动物"(le mouvant)每次都指称一种独特的和有强度的实在性。

# 质的多重性
Multiplicité qualitative

■ "有两种多重性:一种是物质对象的多重性,它直接形成一个数;另一种是意识事实的多重性,如果不借助某种象征性表象就不可能采取一个数的方面,空间必然要在其中起作用。"(DI,65)"在这种情况下,可能存在着[……]一种质的多重性。简而言之,必须承认两种多重性,区分这个词的两种可能含义、对相同与他者之间的差异的两种构想:一个是质的,另一个是量的。正如亚里士多德所言,[即使]这种多重性、这种区别、这种异质性只是潜在地包含数,这是因为意识引起一种质的区别,却没有任何私下想法来计算各种质,乃至弄出好几种质;因此,的确有不具有量的多重性。"(DI,90)"我们于是将不再测量绵延,但我们感觉绵延;绵延从量回到质的状态;对逝去时间的数学式估量不再发生;但它让位于一种混乱的本能。[……]简而言之,敲打的次数被感知为质,而不是量;绵延因此呈现给直接意识,并且它保留着这种形式,只要它不让位于一种从广延性中汲取的象征性表象。"(DI,94-95)

**质的多重性**因此是由一个不可分割的和难以区分的元素集合所产生的效应。

它也能以否定的方式来定义自身:它是一个不易区分的集合的直接效应,而不是不易区分的元素的间接总和。

作为元素集合,这确实涉及一种多重性;作为不可分割的和不易区分的,它可是通过一种实际上来自相继的和时间性的次序的联系而形成一种统一性的;但是,这种统一性和这种多重性只有通过它们的感性效应才会显现出来,因此不同于其他一些多重性(或还有前一个时刻和后一个时刻)的效应,而且正是这种差异有可能说它是质的。

因此,人们为了入睡而数的绵羊数的相继增加,并不产生许多羊,而是产生睡意;因此,我所承受的重量的逐渐增加,并不会产生更大的质量,而是产生我的疲劳;因此,爱对我的整个思想和生活的侵袭,并不会产生更大的爱,而是产生一种疯狂的爱。

人们也可以将其称作"异质的"、"具体的"、"内在的"、"混乱的"多重性。

此外,全部有区别的元素都以空间的双重中介为前提:为了区

质的多重性

分各种个体元素,并且为了将它们在同一框架中并置排列,以便能够将它们累加起来,从而导致"数"或"量"。

■■这个看似专业的和难理解的概念实际上处于柏格森哲学的真正直观的核心。就像在《论意识的直接材料》(第二章,对它的解读在此是必不可少的)的核心所辩护的,这个概念仍然在《思想与运动》中被要求恢复,紧接着绵延("直观,就像任何思维一样,最终栖身于各个概念之中:绵延,质的或异质的、无意识的——甚至是微分的多重性。"[PM,31])。实际上,它提供了绵延的结构本身,提供了它在一与多之间原始的和总是有差异的联系,以及提供了它与任何空间的或数的思维的结构之间的根本对立。质与量在此相对立,却没有任何在思维上发生的可能综合,但伴之以我们的经验本身所隐藏的所有混合物。思维的作用是区分这两个统一性-多重性。因此,人们可与巴迪欧(Badiou)一起从这个概念中察看那从内部(远远超出评论)连接德勒兹哲学和柏格森哲学的线索。然而,人们无论如何都不能将这个概念区别于那感受到其质性效应的感性,或者人们不能在概念中将多本身区别于量本身,就像不能将多本身区别于总是构成其基础的绵延或个体性生成一样。正是这两个概念的结合构成了那个在此被引入哲学的真正概念。

■■■这个概念本质上是"灵活的":正是这个概念甚至奠定了那些有强度的概念的可能性(在此甚至可参见词条"强度")。

# 神秘主义
Mysticisme

■"在我们看来,神秘主义的结果就是与生命显露出来的创造性努力建立起联系,并因此是一种与这种创造性努力的部分巧合。这种努力来自上帝,如果不是上帝自己的话。伟大的神秘主义者可能是一个个性很强的人,他超越他的物质性赋予物种的各种限制,从而继续和延长神圣行动。这便是我们的定义。我们可以自由地对它提问,只要我们考虑它是否曾经得到应用,它是否因此适用于这样或那样的确定情况。"(DS,233)"真正的神秘主义,我的意思是[……]某些灵魂有自己是上帝的工具的感觉,上帝以平等的爱来爱所有人,并要求他们彼此相爱。"(DS,332)

完整的**神秘主义**因此是个人对神圣行动的参与;与这种参与建立的联系,并为了延长它而做出的努力,对人性的部分超越,并为了改造它而做出的集中努力。

神秘主义即使是"完整的"(complet),但它因此仍基于一种与神圣行动建立的"部分的"联系(即融合的对立面),以及它仍基于一种对人采取的反向"行动"(action),超出了一种简单的认识:出神和沉思都不足以定义它。在两种意义中,定义它的是神圣行动和它与人类行动的本性差异,某些人通过人类行动超越了他们固有的本性,以便确立人类的历史或道德目的。

■■因此,对柏格森来说,神秘主义不是一个简单的心理事实或一种简单的历史文献:在"开放的"道德和"动态的"宗教的基础上,它承载着形而上学的真理,进而更广泛地说,它承载着人类本身的形而上学的意指。因此,有一种神秘主义本质按理说是独立于各种各样的历史性宗教,即使它反过来允许对它们进行解释和估价;还有一种神秘经验的哲学价值从它自己的方面独立于个别神秘主义者心理的和实践的经验,即使哲学不可能声称替代它们或产生它们。至于神秘主义的定义本身,它既排除非理性的出神,也排除理性的沉思,即情感的或智性的融合:根据柏格森的说法,神秘主义者仍然是一个人,即使他的人性因他参与更高强度的行动而被超越;此外,正是他的行动的质,对人类的障碍和问题(此外是实践的或智能的)无动于衷,将会证明他的神秘性。因此,他的定义在所有与他同时代的辩论中占有一席之地(在詹姆斯[James]、弗洛伊德、卢瓦西[Loisy]、巴鲁兹[Baruzi]、德拉克洛瓦[Delacroix]等人的学说中亦是如此)。

■■■柏格森的神秘主义概念,即使"绵延"概念没有出现其中,但它仍基于绵延同时区分和联系的绵延强度和实在性程度。在这个意义上,它的位置从《创造的演化》开始就空洞地出现了,即使它的明确研究只有在《道德和宗教的两个来源》中才给它提供了它的整个范围。此外,神秘主义概念的集中应用在动态宗教的历史中对一种精神现象学提出疑问。柏格森使这整个历史聚焦于"伟大的基督教神秘主义者",然后这些神秘主义者自己也聚焦于他们的出身和模范,他多次将他们称作"超级神秘主义者"(surmystique)、"福音书中的基督"(Christ des Évangiles)。尽管如此,"神秘主义"仍然是一个定性概念:它的历史用法有可能反对"神秘的和机械的",甚至超出所谓的"宗教"探究它的痕迹。因此,关键不是从中洞察柏格森主义的回顾性的(和哲学之外的)真相,此外无论是为了批评它还是为了声明它,而毋宁说是洞察一个由他的哲学学说本身使之成为可能的界限-概念(concept-limite),同时重返一个仍然处于他的时代和任何时代的哲学中心的问题。

# 虚无
Néant

■ "虚无观念,我们在将它与实存观念相对立时使用它,它在这一意义上是一种伪观念。"(EC,277)"如果我们现在分析**无**(Rien)的这种观念,我们就会发现它基本上是某种关于**整体**(Tout)的观念,此外,还伴之有一种精神运动,这种精神运动无限地从一事物跳跃到另一事物,它拒绝原地不动,并将它的所有注意力集中在这种拒绝上,只不过是通过规定它与它刚刚离开的位置相关的当前位置。"(EC,295)"'无'是一个日常语言中的字眼,只有当人们停留在人所特有的、行动和制造的场地上时,它才能有意义。'无'是指我们所探求的东西、我们所渴求的东西、我们所期望的东西的缺席。"(PM,106)

**虚无**因此是我们精神从一个事物或所有事物的缺席想象出来的虚构观念,但这种观念仅仅指对一种缺乏(manque)的实际感觉。

■■在《创造的演化》的最后一章,对虚无观念的这种批判,首先是某种基于绵延的存在之构思的先决条件。确实,虚无不仅仅是存在的对立面:虚无的表象,任何存在都必须超越它来抵达实存,它将某种存在之构思强加于我们的心灵。存在,或者至少是**存在**,应该从任何永恒中实存,而不应从"虚无"中产生,并且反而有可能导致所有其他存在从"虚无"中出现,它们也可能"返回"虚无。因此,关于虚无的影像,即虚假的形而上学疑问("为什么有某物,而不是无?"),强加给我们某些只有它的批判才能化解的存在标准,以便让我们构思一种没有先决的虚无的存在之涌现,即每个存在也在此分有的存在之涌现,却没有被插入的虚无!

然而,对虚无的这一批判似乎有悖于一种形而上学的经验以及我们的生命和我们思维固有的种种逻辑要求:无论人们是与海德格尔一道从焦虑出发,还是从萨特的虚无意识出发,从辩证法的或历史的否定性出发,人们似乎理应批评一种柏格森式的"实证主义"。但是,如果虚无是一种伪观念,那么否定对柏格森来说仍然是一种人类的基本活动,是人类行动和推理的起源,也是虚假哲学问题的起源。此外,在存在本身之中对虚无的批判并不是返回事物的一元论和统一论的构思:恰恰相反,对虚无的批判是有强度的差异和个体性的思维的条件,简而言之,如果不是存在和虚无的条件,至少反而是同一和他者的条件。

■■■作为一种"伪观念",虚无观念当然不是柏格森主义的一个灵活概念,反而它的批判,是为了达到一种灵活的和有强度的构思的条件,也是它的效应。只有对虚无的批判才有可能达到一种有关确定的存在和生成的构思,一般超出存在和生成,反而只有人的有强度的二元性(一方面是绵延的程度,另一方面是合乎逻辑的智能)才有可能理解虚无观念本身的起源。"对否定观念的批判",对理解柏格森主义而言必不可少,例如正如瓦尔、扬凯莱维奇(Jankélévitch)或德勒兹以及梅洛-庞蒂所指出的那样,因此与他的其他思想密不可分。

在虚无方面,且每一种否定观念都回应一个特定问题,或者毋宁说,每一种否定观念都对应着一个虚假的特定问题,确实还有其他否定观念,例如无序(参见《创造的演化》第三章)和可能(参见《思想与运动》中的《可能与实在》)。让我们为这些观念中的每一个观念只引用一个定义,对这些观念的批判也是柏格森哲学不可或缺的一部分。

"无序的观念在人类工业领域(或者,如我们所说的那样,制造业领域)中具有一种确定的意义,但在创造领域中没有意义。无序只是我们并不探求的秩序。"(PM,108)

"可能只是实在,而且还加上一种关于精神的行为,一旦它发生,它就将它的影像抛回过去。"(PM,110)

# 知觉
# Perception

■"我把物质称作影像的集合,把对物质的知觉称作这些相同的影像,它们与某种确定的影像的可能行动有关,即我的身体。"(MM,17)"在纯粹的状态下,我们的知觉因此将真正是事物的一部分。"(MM,66-67)"感知在于从对象集合中分离出我的身体对它们采取的可能行动。因此,知觉只是一种选择。它不创造任何东西;相反,它的作用是从影像集合中排除我完全无法控制的所有影像,然后从每个留住自身的影像中排除那与我将我的身体所称作的影像的需要无关的一切。这至少是[……]对我们所谓的纯粹知觉的非常简化的解释。"(MM,257)"在一秒所穿过的空间中,红光[……]完成400万亿次的连续振动。"(MM,230)"总之,感知因此在于把一种无限稀释的实存中的那些宏大时期浓缩为一种更有强度的生活中的某些更加分化的时刻[……]感知意指固定不动。"(MM,233)"具体知觉:纯粹知觉和纯粹记忆的活生生的综合,必然以其表面的简单性概括无限众多的时刻。"(MM,278)

**知觉**因此是被赋予可感的质的孤立对象的、通过在物质整体中的影像选择而获得的表象,而且是它的时间节奏在质上的收缩。

因此,知觉是**双重的**:它是**纯粹的**(按理说它首先所是的东西),对一个生命体而言,它在于在物质的背景上、根据它的可能行动和它的需要勾勒出那些孤立的对象,并有意识地与它们联系起来;它是**具体的**(事实上它还总是的东西),它为这些空间轮廓增加可感的质,而可感的质是由记忆根据它自己的节奏对物质的节奏和质本身所造成的收缩作用而产生的。

■■既关于知觉的地位又关于知觉的真相,这种分析或这个定义的关键范围是清晰可见的:知觉不是事物的精神复本,因为影像,但还有质,都是事物的一部分。然而,知觉总是受到一种有关相对性或主观性的参数的影响:首先通过与身体的需要相关的影像划分,然后通过与记忆的节奏或绵延的强度相关的运动和质的收缩。但是,这种相对性永远不会在知觉方面抹去它从中被抽取的、给它赋予其绝对特征的物质的剩余部分。柏格森的实用主义不是一种相对主义;"影像"的观念论仍然是一种有关物质全部或"绵延"的实在论。

因此，这种理论的力量也来自这两种行为之间的根本区别：选择和收缩，这种区别以不同的方式重新发现空间对象和可感的质之间的区别，同时通过颠倒它来予以实现：与笛卡尔的所思相反，在我们的知觉中有最相关的，是事物的空间的和几何的方面；有最绝对的，是可感的和质的方面。但一般来说，知觉是原始行为，是两个有差异的实在性之间的接触点。无论是纯粹的还是具体的，知觉都是双重的交叉点、双重的综合、双重的"实在化的矛盾"（MM,229："我们的直接知觉的这种混合特征,实在化的矛盾的这种显像。"）。

■■■这里与其他地方一样，这些困难被一种有强度的、在程度方面允许三个决定性步骤的知觉之构思所克服：一个是靠纯粹感知概念而达到极限的通道（超出观念论和实在论）；另一个是生物学的和实用主义的等级划分；最后一个是一种将艺术和道德引向边缘的、心理的、个体的强化。知觉是一种普遍的、类属的生物学联系，但也是一种持久的个体化，与世界保持接触，亦是个体的历史。

# 哲学
Philosophie

■"当人们利用新出现的微光(它在照亮从直接的东西到有用的东西的通道时开启我们人类经验的黎明)时,还有待用我们因此从真实曲线中感知到的那些无限微小的元素来重构那在它们后面展现在昏暗之中的曲线本身的形式。[……]哲学探索的最后步骤是一项真正的整合工作。"(MM,206)"研究哲学就在于扭转习惯性的思维工作。"(PM,214)"哲学应该是一种为了超越人的境况而进行的努力。"(PM,218)"哲学的本质是有关简单的精神[……]我们总是发现,复杂是肤浅的,建构是次要部分,综合是显像;研究哲学是一个简单的行为。"(PM,139)"毫无疑问,直观包括强度的许多程度,而哲学包含深度的许多程度;但人们带回实在绵延的精神已经会体验对生命的直观,而且它对事物的认识已经是哲学。"

84　(PM,140)"无论如何,哲学可能将我们提升到人的境况之上。"(PM,51)

**哲学**因此是为了抵达对实在的直观而脱离人类行动的认识。

■■这个定义以行动的定义为前提,后者作为我们认识的实用主义的、并因此是偶然的限制;还以对绵延的直观为前提,后者允许并要求超越我们的认识。然而,它所增加的是有关认识的一种有条理的和集体的努力的观念,后者延长这种个体的和准时的直观,并因此在自由行为、审美创造或道德的和神秘的经验中区别于对这种直观的其他样式。因此,哲学结合了个体思维和普遍目的、独有的直观和百科全书式的知识。无论如何,哲学都不能满足于批评统一的认识或系统。

■■■这样理解的哲学是有可能的,这一点因此不可能提前被证明:甚至不是通过那些收录在柏格森最后的文集《思想与运动》中的方法论文本,哲学只能通过阅读他的书而享有盛誉或遭受批评。

# 实在论/观念论
Réalisme/Idéalisme

■"考虑宇宙是实存于我们的思维之中,还是实存于我们的思维之外,这是[……]用那些无法解决的术语来陈述问题,假设它们是可理解的。[……]实在论和观念论之间提出的疑问因此变得非常清楚:这两个影像系统(科学或物质与意识或知觉)之间维持着什么关系?而且很容易看到,主观的观念论就在于使第一个系统从第二个系统中产生出来,唯物主义的实在论就在于从第一个系统中抽取出第二个系统。"(MM,21)"观念论是一个记号系统,它意味着物质的整个要义在我们所拥有的表象中被展示或可展示,而且实在的关联是我们的表象的关联本身。实在论基于相反的假设[并予以肯定。]我们的表象中可见的划分和关联纯粹与我们的感知能力有关。此外,我们也毫不怀疑人们能够给观念论和实在论的两种趋向提供更深刻的定义[……]甚至我们,在一本以前的著作中,在一种相当不同的意义上使用过'实在论'和'观念论'这两个词。"(ES,194-195)

**实在论和观念论**因此是两个基于实在性与我们所拥有的表象之间的关系被对立起来的假设:实在论将实在性与我们的表象区分开来,甚至试图使后者从前者中产生出来;观念论本质上并不将实在性与我们的表象区分开来,并将两者之间的差距简化为一种在两种表象之间的差异。

■■因此,实在论和观念论的对立从属于认识理论,因为其初始问题是我们对实在的认识(和首先是我们的感知)与实在本身自行所是的东西——独立于我们——之间的差距。人们能够区别定义的两个程度,但是在这两种情况下,这两个系统有一个共同的错误:将问题的两个项(实在和我们的认识)置于同一个理论计划上,却不引入那作为两者之间的派生的行动。因此,为了解释它们的差异,我们的意识和世界之间形成了一个本体论深渊。此外,如果人们引入行动来解释意识与世界的两种关系的差异,那么人们不用引入它们连接的两个项之间的根本划分且在实在性的同一层次上就能思考这两种关系。观念论与实在论之间的区别是无意识的,而且是多种幻觉的起源。

根据柏格森的观点,必须向观念论做出一种实用主义类型的

"让步"(甚至在此参见词条"影像"),但观念论也通过节奏和因此是自然在物质的绵延与我们的绵延之间的不可化约的差异来诉诸一种实在论的肯定(因此是《物质与记忆》前言中著名的第一个句子:"本书肯定精神的实在性、物质的实在性,并试图基于一个明确的例子来确定彼此的关系……"紧接着写道:"观念论和实在论,这两个论题是同样容易走向极端的。"[p.1])。因此,实在论和观念论之间关系的疑问确实处于柏格森哲学和它与哲学史上的那些伟大学说的关系的中心。

■■■各种学说的对立是柏格森针对各种问题尤其是针对哲学的根本"错误问题"的批判方法的一个常量,因此是居于自由意志的支持者与反对者、机械论与目的论等方面之间。但柏格森也将一种专门的和实证的功能赋予"以 isme 后缀结尾的词"(mots en isme),只须使它们适合那些独特的学说。例如,问题因此不在于知道柏格森是否是实在论者,而在于知道柏格森的实在论是什么样的。

# 宗教
Religion

■"从这第一个观点来看,宗教因此是一种反对智能的消解能力而采取的自然防御性反应。"(DS,127)"从这第二个观点来看,宗教是一种反对死亡的不可避免性,并通过智能所产生的表象而采取的自然防御性反应。"(DS,137)"因此,这就是我们所说的静态或自然的宗教的作用、宗教的意义。宗教是必须在那些具有思考能力的生物身上填补生命眷恋之可能缺陷的东西。"(DS,223)"诚然,人们立即察觉到问题的另一种可能解决办法。[……]但是,还应该谈论宗教吗?[……]在这两种情况下,有很多理由[……]来谈论宗教。首先,神秘主义[……]徒劳地将灵魂转移到另一个层面:它仍然以一种突出的形式为灵魂确保静态宗教的功能所获得的安全和宁静。但尤其应该考虑的是,纯粹的神秘主义是一种罕见的本质，人们经常在稀释的状态下遇到它……从这个角度看，人们在确实存在着一种根本的本性差异的地方觉察到一系列转变，而且可以说是觉察到各种程度差异。"（DS,223-225）

**宗教**因此是个体表象和社会制度的集合，生命将它们与人类智能所产生的效应相对立，完全不同的东西要加入它们，即神秘主义，某些个体由此超越人类本身。

因此，宗教首先由它的效应或功能所定义：可以说是抵消智能的"反常效应"（effets pervers）；然后宗教由它的手段或者由人类中确保这一功能的东西所定义：下述起作用的或观念运动的表象和下述制度的集合，即这些表象来自虚构功能，且这些制度出于凝聚和封闭的目的而这样在任何社会中产生；但这些效应可以通过另一种手段来实现，或者毋宁说，可以从本质上有差异的另一个来源来获得，即使它能够且事实上总是要插入这种自然根据之中：这涉及神秘体验，它与"静态的"宗教发生决裂，并且"静态的"宗教与它的混合产生了"动态的宗教"本身所是的这种混合。

■■这个定义的批判范围既涉及宗教史，也涉及社会学：对柏格森来说，宗教被生命双重超越，并被建立在生命的基础之上。但它也涉及纯粹的宗教"的"哲学，这种哲学将赋予它一种思辨作用，这种作用独立于其实用主义的乃至生物学的功能。然而，生物学的"还原"（réduction）的风险是可以被双重避免的，首先是通过宗教仅仅经由"潜在的"本能来抵消的、以悖论的方式且以智能为前提的人类特殊性,但也特别通过"宗教的"二元性本身。这就像记忆的情况一样:本性的区别可以反对两种类型的优先性——一种有关习惯记忆或静态宗教的实用优先性,但反过来说也是一种有关纯粹记忆或动态宗教的绝对的和形而上学的优先性,即"最好的"记忆或宗教。

■■■这种混合是宗教史的组成部分,只能在本性差异的背景下来理解。再次,风险是将程度的差异解释为一种在同属之中的量的差异,而不是解释为一种质的差异,后者是基于一种"本性根本的"、因此是起源和终点的差异。

# 科学
Science

■"科学的主要目的是预测和度量;不过,人们会预测各种物理现象,唯有前提是假定它们并不像我们一样绵延,而且人们只会度量空间。"(DI,173)"知性,其职责是对那些稳定的元素起作用,它或者在关系中或者在事物中能够探寻稳定性。只要它探究关系的概念,它就抵达科学的符号体系。"(PM,219-220)"如果科学[……]声称是一门广义的数学,是一个独特的关系系统,该系统将全部实在都限制在一个预先策划的网之中,那么科学就变成了一种纯粹与人类知性相关的认识。"(PM,221-222)"一旦科学返回惰性物质,起源于纯粹智能的科学就会重新回到它。[……]首先,科学力求使我们成为物质的主人。[……]我们发现智能的连接确实要被运用在物质的连接之上。因此,我们就不理解为什么关于物质的科学不会达到绝对。"(PM,34-36)"这就是说科学和形而上学有别于对象和方法,但它们在经验中息息相通。"(PM,44)

**科学**因此是由人类智能对适合它的实在部分的认识和数学掌握。

三个方面显示科学的特征:科学在人性方面的起源和目标(既然它源于智能,那么它就有实用的和专门的目标);科学的方法和结构,它们基于空间和数学度量,确保科学的精确性和统治;最后尤其是科学的对象,它必须与这种方法兼容,并且提出一个特定问题:要么涉及一种对实在起作用的抽象,以便使实在与数学的符号体系兼容,要么实在的结构本身也是数学的。在第一种情况下,科学是一种相对认识,与绝对实在的任何联系都应该由来自另一秩序的直观所保证;在第二种情况下,科学与其特有的对象(物质)的联系已经完全是直观的和绝对的。

■■因此,"科学"这个概念呈现出两个关键方面:一个是基础方面,另一个是内在演变。它的关键方面包括自然的乃至生物学的起源和一般归于"科学"的专门目的,但也包括它对实在的受限部分的约束;它的基础方面是一种空间的、几何的、智性的认识的全权自律,这种自律使数学和数学物理学成为科学的模型,同时使这种情况与其他科学进行深度混合,特别是生物学和心理学(以一种二元性及一种与哲学和直观的混合);最后,它的内在演变涉及科学与其对象的关系,最初是象征的和虚构的(特别是在《物质与记忆》中,除了数学的或物理的直观的情况,宇宙运动的微分或隐秘结构),然后,当物质的空间本性在《创造的演化》中被肯定时,它是直观的和绝对的(这导致了特别是在《绵延与同时性》中对爱因斯坦相对论的评价)。所有这些方面都解释了由柏格森主义在这一确切点上所遭遇的那些论战关键的深度。

■■■因此,纯科学的这个定义准许一种对各门科学的集中分类,根据一种与实在本身的尺度相对应的方法论尺度。根据柏格森的观点,科学的错误就在于想要处处保持纯粹:这是普遍数学(mathesis universalis)的神话。对他而言,科学的界限仍然是其中有绵延和创造的实在部分。

# 同时性
Simultanéité

■"空间和绵延这两个术语之间的纽带是同时性,它可以被定义为时间与空间的交叉。"(DI,82)"**相对论**理论家从来只谈论两个瞬间的同时性。在相对论之前,无论如何都还有另外一种相对论,其观念更加自然:两个流的同时性。[……]我们因此把两个占据相同绵延的外部流称为同时性,因为它们都在同一个属于我们的第三者的绵延中掌握着两者:当我们的意识只注意我们时,这种绵延才是我们的绵延,但当我们的注意力将这第三种流包含在一种唯一不可分割的行为之中时,它也成为它们的绵延。"(DSi,67-68)"但是,一旦我们养成了将时间转换为空间的习惯,我们就自然地形成瞬间的观念,也形成同时性的观念。[……]我们需要瞬间中的这种同时性,以便(1)标出一种现象和时钟上的时刻的同时性,(2)沿着我们自己的绵延、与我们绵延的各时刻一起标记这些时刻的同时性,而我们绵延的各时刻是由标记号自身的行为所创造的。"(DSi,68-70)"因此,应该区分两类同时性、两类相继。前者处于事件内部,它是它们的物质性的一部分,它源自它们;后者只是被一个处于系统外部的观察者应用于它们。"(DSi,125)

**同时性**因此是一种绵延与另一种实在性之间的关系或联系。

同时性可以采取两种形式:瞬时的和人为的交叉,因为它假设绵延的中断和空间的表象,或者假设一种内部绵延和本身假设其他绵延的其他流所产生的连续的和同时发生的搭接(recouvrement)。它无论如何都以绵延的赠予为前提,并使它与它的另一种绵延的关系成为可能,无论是涉及一种根本的、空间的他异性,还是涉及另一种经由空间的绵延(例如在知觉中),抑或是最终直接涉及其他一些绵延。因此,同时性概念对于思考关系至关重要,或者毋宁说,是关系在存在物之间的两种相反模式。

■■同时性概念的确还在1889年的《论意识的直接材料》和1922年的《绵延与同时性》中具有一种专门的作用,以便思考绵延到它的度量的过渡,甚至还有绵延到同质时间的转变。它也与瞬间的疑问内在相关,按照柏格森的说法,它是虚构的,因为他假设了绵延的空间化,但虚构对于其数学的和科学的掌握是必不可少的。在1922年出版的书中,两种同时性的区别在其完成绵延本身的概念的地方既有可能回应某种对爱因斯坦学说的哲学解释，也有可能在一个要点上完善柏格森本人的学说，即绵延之间的关系。

■■■仅在1922年才出现的两种同时性之间的区别，因此在柏格森的所有作品中是隐约可见的，以便在与空间或感知的联系方面思考绵延之间的一种时间性参与。因此甚至暴露了柏格森一方面关于相对论另一方面关于神秘的经验的最后著作之间的不明显的联系：两者都假设了一种在有差异的绵延或绵延有差异的程度之间的内在关系。因此，同时性在两种形式下是柏格森哲学的重要组成部分，同时有可能为了其所谓有强度的统一性和多样性区分"一元论"和"多元论"。

# 生命
Vie

■ "在思辨原则之下[……]存在着[……]我们活着的必要性,就是说我们实际上采取行动的必要性。[……]在那些由此从可感的实在性中被切出的部分之间建立这些非常特殊的关系就是我们所谓的活着。"(MM,221-222)"活着就在于变老。"(PM,183)"像整体上的宇宙一样,像每个得以参与的、有意识的存在物一样,活着的有机体是绵延着的东西。"(EC,15)"生命首先是一种对天然物质产生影响的趋向。"(EC,97)"生命,即通过物质被投出的意识。"(EC,183)"总之,我们所谈论的生命冲动关乎着创造的要求[……]它以这种实为必然性本身的方式被把握,并且它趋向于将最大可能的不确定性和自由引入其中。"(EC,252)"不可预测的和自由的运动与生命一起出现。[……]生命就是将自身融入必然性

和将其转化为有利于它的自由。"(ES,13)

**生命**因此是针对物质的行动原则,而行动通过物种的演化、每个有机体的运动、自由和一般意义上的创造显示出来。

只要生命通过各种各样的趋向、物种和有机体显示出来,它首先表现为限制和需要的行动的原则和要求;作为与物质相对立的行动原则,生命是一般意义上的创造的、独有的、此外受限制的一种力量或冲动,是人们通过类比和演绎来回溯的一种共同起源;作为自由和创造的源泉,生命出自心理学原理,并显示出意识和绵延的程度,其中每个有生命的和有意识的存在物都自行感受到相似物。

■■因此,生命的概念在柏格森的作品中具有两种意义和两种貌似完全相反的用法:一方面是纯粹的实用主义限制,另一方面是纯粹的、有机的和创造的绵延与自由。只有凭借《创造的演化》中对生命本身、生物现象本身的研究,这两种意义的统一和对立才能被解释和兼容。事实上,生命首先通过其遭受对物质作用的种种限制的结果(有机体和物种)显示出来;但这个结果诉诸原始的冲动和创造;正是它们承载着生命的本质,而生命的本质重新出现在任何意识和任何绵延之中。这样,最初与精神和绵延相对立的生命,与物质相对立一样多且更多的生命,变成了精神和绵延乃至物质的至少是相似的起源,如果物质有它自己的生命的话。人们也理解了三场在柏格森的作品中围绕生命概念展开的基本论战：认识理论中的实用主义，所谓的生命哲学中的目的论和生机论，最后是为了思考精神和行动、特别是为了思考自由行为而出现的自然主义和生物学隐喻。然而，这种觉察足以让人感到柏格森学说的真正原创性关乎着这些有差异的观点在同一学说中的连接，生命确实在这同一学说中被认定为一个核心角色。

■■■在它所有的用法中，生命是一个灵活的和有强度的概念，但特别是在后两个用法中，因此在它的真正演化中（因为各物种在各种程度上显示出生命的本质），而且还在意识领域中，而意识领域能够从一种纯粹的机械生命转到一种"直观式的生命"乃至一种"神圣的生命"。在这两种情况下，生命概念是灵活的，因为生命本身位于实在性的不同程度之间，且不会构成一个最终的和独有的解释术语：在绵延（或意识）与物质之间，生命是这种运动着的混合，是我们的存在本身。

图书在版编目(CIP)数据

柏格森哲学词汇 /（法）弗雷德里克·沃姆斯著；董树宝译. -- 重庆：重庆大学出版社, 2025.4.
(思想家和思想导读丛书). -- ISBN 978-7-5689-4973-6
Ⅰ.B-61
中国国家版本馆 CIP 数据核字第 2025LD0314 号

## 柏格森哲学词汇
BOGESEN ZHEXUE CIHUI
[法]弗雷德里克·沃姆斯　著
董树宝　译

策划编辑：张慧梓
特约策划：邹　荣
特约编辑：邹　荣
责任编辑：张慧梓
责任校对：关德强
责任印制：张　策
书籍设计：张　晗

重庆大学出版社出版发行
出版人：陈晓阳
社址：(401331)重庆市沙坪坝区大学城西路 21 号
网址：http://www.cqup.com.cn
重庆市正前方彩色印刷有限公司印刷

开本：890mm×1168mm　1/32　印张：4.625　字数：94 千　插页：32 开 2 页
2025 年 4 月第 1 版　　2025 年 4 月第 1 次印刷
ISBN 978-7-5689-4973-6　定价：35.00 元

本书如有印刷、装订等质量问题，本社负责调换
版权所有，请勿擅自翻印和用本书制作各类出版物及配套用书，违者必究

*Le vocabulaire de Bergson*, by Frédéric Worms, ISBN: 9782729880576

Copyright © Ellipses Édition Marketing S. A., 2013

版贸核渝字(2016)第 220 号